Sistemas de informações gerenciais em organizações de saúde

Central de Qualidade — FGV Management
ouvidoria@fgv.br

PUBLICAÇÕES
FGV Management

SÉRIE GESTÃO EM SAÚDE

Sistemas de informações gerenciais em organizações de saúde

André Bittencourt do Valle

André Soares Monat

Alexandre Furtado do Amaral

Eduardo Pereira Marques

FGV management

FGV EDITORA

Direitos desta edição reservados à
EDITORA FGV
Rua Jornalista Orlando Dantas, 37
22231-010 — Rio de Janeiro, RJ — Brasil
Tels.: 0800-021-7777 — 21-3799-4427
Fax: 21-3799-4430
E-mail: editora@fgv.br — pedidoseditora@fgv.br
www.fgv.br/editora

Impresso no Brasil/*Printed in Brazil*

1ª edição — 2010

Preparação de originais: Sandra Maciel Frank
Editoração eletrônica: FA Editoração Eletrônica
Revisão: Andréa Campos Bivar, Fatima Caroni e Marco Antonio Corrêa
Capa: aspecto:design
Ilustração de capa: Flávio Pessoa

Valle, André
Sistemas de informações gerenciais em organizações de saúde / André Bittencourt do Valle... [et al.]. — Rio de Janeiro : Editora FGV, 2010.
156 p. : il. — (Gestão em saúde (FGV Management))

Em colaboração com André Soares Monat, Alexandre Furtado do Amaral, Eduardo Pereira Marques.

Publicações FGV Management.
Inclui bibliografia.

ISBN: 978-85-225-0787-0

1. Sistemas de informação gerencial. 2. Sistemas de recuperação da informação — Saúde. 3. Tecnologia da informação – Medidas de segurança. 4. Comércio eletrônico. I. Monat, André Soares. II. Amaral, Alexandre Furtado do. III. Marques, Eduardo Pereira. IV. FGV Management. V. Fundação Getulio Vargas. VI. Título. VII. Série.
CDD — 658.4038

Aos alunos, que estão sempre nos lembrando da nossa condição de eternos aprendizes, e aos colegas de jornada acadêmica.

Sumário

Apresentação

Este livro compõe as Publicações FGV Management, programa de educação continuada da Fundação Getulio Vargas (FGV).

Instituição de direito privado com mais de meio século de existência, a FGV vem gerando conhecimento por meio da pesquisa, transmitindo informações e formando habilidades por meio da educação, prestando assistência técnica às organizações e contribuindo para um Brasil sustentável e competitivo no cenário internacional.

A estrutura acadêmica da FGV é composta por oito escolas e institutos: a Escola Brasileira de Administração Pública e de Empresas (Ebape), dirigida pelo professor Flavio Carvalho de Vasconcelos; a Escola de Administração de Empresas de São Paulo (Eaesp), dirigida pela professora Maria Tereza Leme Fleury; a Escola de Pós-Graduação em Economia (EPGE), dirigida pelo professor Renato Fragelli Cardoso; o Centro de Pesquisa e Documentação de História Contemporânea do Brasil (Cpdoc), dirigido pelo professor Celso Castro; a Escola de Direito de São Paulo (Direito GV), dirigida pelo professor Ary Oswaldo

Mattos Filho; a Escola de Direito do Rio de Janeiro (Direito Rio), dirigida pelo professor Joaquim Falcão; a Escola de Economia de São Paulo (Eesp), dirigida pelo professor Yoshiaki Nakano; o Instituto Brasileiro de Economia (Ibre), dirigido pelo professor Luiz Guilherme Schymura de Oliveira. São diversas unidades com a marca FGV, trabalhando com a mesma filosofia: gerar e disseminar o conhecimento pelo país.

Dentro de suas áreas específicas de conhecimento, cada escola é responsável pela criação e elaboração dos cursos oferecidos pelo Instituto de Desenvolvimento Educacional (IDE), criado em 2003 com o objetivo de coordenar e gerenciar uma rede de distribuição única para os produtos e serviços educacionais da FGV, por meio de suas escolas. Dirigido pelo professor Clovis de Faro e contando com a direção acadêmica do professor Carlos Osmar Bertero, o IDE engloba o programa FGV Management e sua rede conveniada, distribuída em todo o país (ver www.fgv.br/fgvmanagement), o programa de ensino a distância FGV Online (ver www.fgv.br/fgvonline), a Central de Qualidade e Inteligência de Negócios e o Programa de Cursos Corporativos In Company. Por meio de seus programas, o IDE desenvolve soluções em educação presencial e a distância e em treinamento corporativo customizado, prestando apoio efetivo à rede FGV, de acordo com os padrões de excelência da instituição.

Este livro representa mais um esforço da FGV em socializar seu aprendizado e suas conquistas. Ele é escrito por professores do FGV Management, profissionais de reconhecida competência acadêmica e prática, o que torna possível atender às demandas do mercado, tendo como suporte sólida fundamentação teórica.

A FGV espera, com mais essa iniciativa, oferecer a estudantes, gestores, técnicos — a todos, enfim, que têm internalizado o conceito de educação continuada, tão relevante nesta era do conhecimento — insumos que, agregados às suas práticas, possam contribuir para sua especialização, atualização e aperfeiçoamento.

Clovis de Faro
Diretor do Instituto de Desenvolvimento Educacional

Ricardo Spinelli de Carvalho
Diretor Executivo do FGV Management

Sylvia Constant Vergara
Coordenadora das Publicações FGV Management

Introdução

A gestão na área de saúde, em um país de proporções gigantescas como o Brasil, tem um grau muito elevado de complexidade. O país precisa lidar com grande desigualdade regional e com a busca de atendimento igualitário para todas as faixas de renda e idade da população, além de lidar com problemas típicos de comunidades de países desenvolvidos, ao mesmo tempo que precisa oferecer serviços de qualidade a faixas muito carentes da população. Este desafio só pode ser vencido caso tenhamos o uso apropriado de tecnologia da informação para manter o controle de operações rotineiras do sistema de gestão de saúde e, ao mesmo tempo, fornecer subsídios para a tomada de decisão e para o pensamento tático e estratégico.

O objetivo deste livro é justamente proporcionar uma visão ampla sobre sistemas integrados de gestão em saúde que façam uso de tecnologia da informação.

Ele está estruturado em oito capítulos.

O primeiro capítulo trata do histórico e da conceituação da área de tecnologia da informação como disciplina, desde os primeiros trabalhos até os modernos sistemas interconectados.

O segundo capítulo trata da questão da modelagem, que é uma forma de descrever requisitos de um sistema de forma a expressar as necessidades dos usuários, permitindo o desenvolvimento de sistemas.

No terceiro capítulo são estudados os sistemas de informação Enterprise Resource Planning (ERP) e Customer Relationship Management (CRM). O primeiro tipo de sistema representa uma forte tendência na área de softwares voltados à gestão. Trata-se de um tipo de sistema que integra todos os setores de uma instituição, substituindo sistemas específicos que atendiam a apenas um processo ou unidade. O segundo tipo de sistema apoia o relacionamento com o cliente: registra todo o histórico do relacionamento cliente/organização, permitindo um acompanhamento personalizado, ao mesmo tempo que viabiliza a análise de perfis de clientes e suas expectativas.

O quarto capítulo aborda os diferentes padrões de informática em saúde, incluindo os elementos de interoperabilidade e códigos internacionais na área de saúde.

O quinto capítulo introduz a questão da arquitetura e dos modelos de referência de informação no *design* dos sistemas de informação em saúde. Neste capítulo mostramos como sistemas podem ser estruturados de forma a proporcionar interoperacionalidade entre equipamentos e documentos de origens distintas.

No sexto capítulo são abordados os elementos relacionados à segurança da informação e normas para governança corporativa. Este estudo torna-se fundamental devido às características de privacidade e de acesso restrito, próprias das informações de saúde relativas a uma população e a indivíduos.

No sétimo capítulo são estudados os principais elementos relacionados com os negócios eletrônicos, incluindo *business to commerce* (B2C), *business to business* (B2B), *business to employee* (B2E) e *mobile business* (*m-business*).

O último capítulo é dedicado a uma conclusão a respeito do tema.

1 Histórico e conceituação

Neste capítulo fazemos a introdução das razões para a adoção de sistemas de informação e apresentamos um breve desenvolvimento histórico deste tipo de sistema. Também mostramos as principais perspectivas internacionais sobre o tema.

A história do dr. Alfredo com a tecnologia

Recém-formado da faculdade de medicina, Alfredo Rosério, agora dr. Alfredo, resolve voltar para sua terra natal para começar sua carreira. Eram idos da década de 1950. Curitiba, assim como outras cidades do Brasil, era carente de médicos, consultórios, hospitais, clínicas e outras organizações de saúde. Ali, ele vislumbrava uma carreira promissora, primeiramente como médico e, mais adiante, na tentativa de realizar o seu grande sonho: ter um hospital, com várias especialidades e diferentes formas de tratamento médico, além de um centro de pesquisas que as embasasse.

O retorno é marcado por reencontros com personagens de sua infância e adolescência. Um desses era o dr. Ricardo Rosério, seu tio, que mantinha, em companhia de outro médico, dr. Saint Clair, uma pequena clínica formada por dois consultórios e um pequeno laboratório clínico, grande paixão deste último, especialista em patologia.

Diante das dificuldades para abrir um consultório e vislumbrando a oportunidade de poder ajudar seu tio e seu amigo, dr. Alfredo se associa a eles e, inicialmente no turno da noite, que antes não funcionava, começa a realizar as suas consultas.

Rapidamente a clínica adquire um novo status, funcionando praticamente 24 horas por dia. Os clientes começam, naturalmente, a preferir ser consultados por médicos que ofereçam a segurança da disponibilidade de atendimento em qualquer horário, para qualquer circunstância ou urgência.

Por sua vez, dr. Saint Clair começa a se dedicar mais a patologia e análises clínicas, que apoiam as consultas médicas, e, com o aumento da demanda, começa a perceber que tal especialidade poderia se tornar um diferencial interessante para a sua organização.

A clínica foi crescendo organicamente, com novos médicos sendo contratados e novos equipamentos adquiridos em apenas dois anos.

Todo esse movimento resultou na necessidade de aumento da estrutura da clínica. Como o terreno era pequeno, decidiram construir uma clínica maior, em um local próximo onde, além de investirem na construção de um número maior de consultórios, também fizeram um amplo laboratório de diagnósticos médicos e alguns leitos. Por fim perceberam que, com o tamanho do terreno e com o dinheiro proveniente dos novos clientes e de um financiamento com o banco do estado, poderiam construir mais leitos, ambulatório e outras dependências, o que seria, no futuro, um hospital.

Para dar vazão a esse crescimento tiveram que contratar uma equipe maior, selecionando médicos, enfermeiros, técnicos de enfermagem, outros técnicos em cistologia e patologia.

O sonho do dr. Alfredo começa a se realizar.

No entanto, todo o esforço do dr. Alfredo começa a não ser mais suficiente para o gerenciamento da clínica. Informações desencontradas, problemas no agendamento dos pacientes, fraudes etc. começam a desviar-lhe a atenção do seu *core business*.

Foi aí que o dr. Alfredo percebeu que poderia resolver os seus problemas de gestão utilizando algo que ele recomendava aos seus pacientes: a contratação de um especialista...

Por que estudar tecnologia da informação

Chega a ser lugar-comum falar da importância da informática em nossos dias. Mesmo o cidadão comum, não envolvido em qualquer ação empresarial ou acadêmica que tenha computação como atividade-fim, não pode deixar de notar como sua vida foi afetada pelo chamado mundo digital. Um simples extrato de banco, uma declaração de renda (que é mais fácil pela internet), a edição de textos numa época em que máquinas de escrever estão quase extintas são apenas alguns dos muitos momentos em que nos lembramos da enorme revolução que os computadores trouxeram para nossas vidas.

Informatizar se tornou sinônimo de agilizar e "desburocratizar". O computador se tornou um ícone de um mundo moderno e tem-se a impressão de que, sem essa máquina, qualquer sociedade ou corporação tende a se tornar obsoleta e ultrapassada. Mas será que é fácil entrar neste mundo da informatização e dos negócios eletrônicos? A missão do dr. Alfredo, de informatizar processos, é simples e passível de ser realizada por leigos? Será que basta ao administrador bem-intencionado comprar computadores pessoais e softwares populares (planilhas de cálculo, editores de texto etc.) e então disponibilizá-los a seus funcionários para que sua empresa ou instituição usufrua desta revolução da informática?

A resposta é negativa. Não são poucos os casos de vultosos gastos na área de informática que não produziram nem uma pequena percentagem dos benefícios esperados. Usar tecnologia da informação (TI) em uma área delicada como a de saúde inclui aspectos sociais e de convívio humano, que a simples solução técnica não abrange.

Como lidar com sociedades marginalizadas e familiarizá-las com o uso do computador? Como atingir o cidadão da terceira idade? Como lidar com uma legislação que, muitas vezes, parece ir contra uma tentativa de trazer agilidade e benefícios mais rápidos ao cidadão? Estas são perguntas vitais a um gestor de saúde atual.

Uma primeira dificuldade de se entender TI está na quantidade de tecnologias disponíveis (e, para cada uma delas, uma sigla) com as quais somos levados a lidar. Por exemplo, ERP é a sigla em inglês para *enterprise resource planning*, sendo um tipo de tecnologia (ou mesmo tendência) — que será mais explorada adiante neste livro — que visa à gestão integrada de uma instituição ou empresa. A ideia é que toda uma empresa pode vir a ser servida por um sistema corporativo único que atenda a todas as suas necessidades.

Sistemas ERP são caríssimos. Seu custo envolve não somente a aquisição mas também o treinamento, compra de equipamento adequado, consultoria específica etc. Algumas vezes o valor final atinge a cifra de milhões de dólares, e mesmo assim é comum que eles não atendam aos anseios do usuário, que pode até mesmo se decidir por voltar para a sua forma anterior de trabalho, abandonando o sistema ERP adquirido.

Outro tipo de sistema de importância fundamental para gestão é o *customer relationship management* (CRM). Este tipo de sistema é voltado para a administração do relacionamento com o usuário. Normalmente, uma instituição ou empresa que queira melhorar seus serviços irá guardar históricos de contatos com seus clientes (ou cidadãos), visando ter um melhor entendimento de quem são os mesmos, como melhorar os serviços e torná-los mais personalizados e como voltar sua empresa para a oferta de produtos e serviços que realmente interessem a seu público. Tudo isto é decorrente do fato de que é cinco vezes mais caro conseguir um cliente do que mantê-lo. Infelizmente, sistemas CRM também são caros e, muitas vezes, não oferecem o retorno desejado.

Portanto, sistemas como ERP e CRM exigem um grande investimento e podem não trazer os benefícios esperados. Por exemplo, em 2001 o Instituto Gartner publicou as seguintes estatísticas, referentes aos EUA e Europa ocidental:

- um em cada três projetos de ERP fracassa;
- 70% dos CRMs são abandonados ou subaproveitados.

Estes dados mostram como corremos riscos quando não nos preparamos devidamente para a aquisição de novos sistemas. Isto também vale para negócios de cunho altamente tecnológico. Fala-se muito em empreendedorismo e negócios eletrônicos. Lendo-se relatórios de grandes negócios e fortunas que nasceram em garagens domésticas para florescerem em grandes corporações, tem-se a impressão de que o retorno deste tipo de investimento é líquido e certo, e que o melhor a fazer é investir de imediato para não perder o trem da história. Na verdade, TI é um grande negócio, mas, como todo negócio, também pode gerar prejuízos.

Diante do que foi exposto, o que podemos concluir? Que o mundo da TI não passa de uma quimera virtual e estamos submetidos apenas a uma fantasiosa imagem de competência associada ao mundo da tecnologia? Na verdade não existe nada errado com a tecnologia em si. Quando dizemos que ERPs são abandonados, não estamos nos referindo a *bugs* que foram descobertos nos sistemas, mas sim ao fato de que as pessoas e equipes que deveriam usar o sistema tiveram dificuldade de enquadrá-lo em seus negócios. A introdução de um sistema passa por uma curva de perda temporária de capacidade produtiva, para depois se atingir um patamar mais elevado, que nem sempre acontece como esperado.

Outros projetos são, muitas vezes, ambiciosos, com belos ideais e levados a cabo em empresas que não se preparam para utilizá-los. Nesta situação se enquadram os projetos de CRM, já que não basta um sistema que armazene contatos com clientes e que gere respectivos relatórios; é necessária uma gerência que saiba aproveitar estes dados extremamente volumosos para nortear sua empresa. Caso isto não aconteça, o CRM se torna uma obrigação em vez de uma solução.

Por último, investir em TI e criar uma empresa nesta área é uma ótima ideia, desde que acompanhada de um plano de negócios sólido, e não como fruto de um sonho não fundamentado. A informática conhece, sim, alguns exemplos de visionários que acreditaram de forma intuitiva e atingiram o sucesso. Mas, infelizmente, os casos malsucedidos são muito mais frequentes. A conclusão a que podemos chegar é que incluir tecnologia em um negócio é um objetivo que deve ser alcançado com muito estudo prévio e análise de casos equivalentes.

Evolução histórica da computação

Embora o computador eletrônico só tenha se tornado uma realidade no século XX, o início de sua fundamentação teórica remonta a um passado muito distante, à Grécia clássica, com o advento de um conceito fundamental para a computação: o algoritmo.

O que distinguia a matemática grega das demais era a necessidade de fazer dela uma ciência estruturada por meio de teoremas, os quais mostrassem que certas propriedades matemáticas são sempre válidas e não resultantes de uma feliz coincidência. Para os gregos, não era necessário apenas que a matemática funcionasse para cálculos práticos ligados à agrimensura ou à construção civil, mas sim que seus conceitos abstratos fossem organizados em axiomas e propriedades válidas devidamente provadas.

Algumas destas propriedades poderiam ser calculadas por meio de uma sequência de passos que, comprovadamente, levariam ao resultado esperado. Esta sequência de passos, que são mecanizáveis, é chamada de algoritmo.

Por exemplo: se queremos descobrir o máximo divisor comum (MDC) entre dois números, podemos calculá-lo por meio do MDC entre o menor e o resto da divisão do maior pelo menor. Isto pode ser feito repetida e mecanicamente, até que o resto seja nulo. Tal algoritmo remonta à Grécia clássica e é visto como o primeiro de todos os tempos.

Um algoritmo é, portanto, uma série de ações que são tomadas de forma não ambígua, e que no final de sua execução nos fornece a solução desejada. Algoritmos são a representação matemática e conceitual de programas de computador. A partir dos gregos, a humanidade começou um longo caminho para construir máquinas que pudessem executar algoritmos; algo que tirasse estes mesmos algoritmos do mundo das ideias (visão de Platão) para o mundo real, ou seja, a concepção de engenharia para o problema. Este sonho só foi concretizado no século XX.

Para o desenvolvimento da computação encontramos influências advindas de necessidades comerciais (ábacos e máquinas de calcular), astronômicas (cálculos de latitude e longitude) e militares (criptografia e cálculos balísticos).

Um dos primeiros algoritmos do qual se tem notícia veio do imperador Julio César, que criptografava suas mensagens por meio de um algoritmo simples, substituindo cada letra de uma mensagem por outra encontrada em um determinado número de posições à frente no alfabeto. Tal prática, como veremos a seguir, deu início a uma enorme influência dos meios militares no desenvolvimento da computação. A quebra deste código deve-se ao interesse de sábios islâmicos em analisar textos supostamente sagrados e verificar a autenticidade dos mesmos. Para isto eles desenvolveram a técnica de fazer estatísticas sobre o uso de letras e expressões em textos sagrados, para verificar se tais textos faziam uso semelhante das mesmas letras e palavras. Tal estudo acaba originando uma bem-sucedida técnica de quebra de código chamada análise de frequência, que torna o código de Julio César obsoleto.

Alheio a esta necessidade militar de códigos secretos, Blaise Pascal talvez tenha sido o primeiro a produzir uma máquina de computar como produto de mercado. Ele desenvolveu a Pascaline entre 1642 e 1644 para ajudar seu pai, um coletor de impostos, a realizar seus cálculos. A máquina até atinge um certo sucesso comercial, interrompido pelos problemas pessoais de seu inventor (Encyclopædia Britannica).

O século XIX foi muito rico em experiências que, mais tarde, marcariam o desenvolvimento da computação digital. Charles Babbage, na Inglaterra, tentou desenvolver, por volta de 1830, uma máquina que teria extraordinárias semelhanças com os computadores atuais. Seu interesse era criar uma máquina que elaborasse automaticamente as tabelas de astronomia necessárias à navegação, resultando no conceito de uma máquina para computação que iria mais longe do que as calculadoras elaboradas até então. Para ele, a verdadeira máquina de computar deveria ser programável, ou seja, poderia ser alimentada por uma série de operações que reproduziriam qualquer algoritmo que estivéssemos interessados em executar (Encyclopædia Britannica). O esforço inicial de Babbage para construir tal máquina teve o apoio do governo britânico, mas ele nunca chegou a finalizar o projeto. Sua máquina, em linhas gerais, seria a implementação mecânica dos computadores atuais. Em seu projeto havia a noção de uma unidade de processamento central, semelhante à noção de CPU nos computadores atuais, onde até mesmo uma unidade lógica e aritmética podia ser delineada. Por meio de cartões de tear perfurados, a máquina seria alimentada com a sequência de comandos que implementariam o algoritmo. A saída seria feita por prensas capazes de imprimir as tabelas resultantes dos cálculos. A máquina seria movida a vapor, que desempenharia a função da eletricidade nos tempos atuais (Encyclopædia Britannica).

Babbage também foi o primeiro a perceber uma diferença que marcaria até hoje a computação: a distinção entre hardware e software. Ele se ocupou com a criação do equipamento físico em si — o hardware —, mas percebeu que, sem os algoritmos convertidos em instruções de máquina — o software —, seu equipamento seria inútil. Por isso, em 1833, ele estabeleceu com Ada King, condessa de Lovelace, sobrinha de Lord Byron e sua grande amiga, a primeira parceria envolvendo estes dois conceitos. Ada criava os programas que mais tarde iriam rodar na máquina que Babagge construiria (Encyclopædia Britannica).

Esta epopeia foi apenas parcialmente bem-sucedida. Algumas máquinas menos abrangentes que a aqui descrita foram realmente construídas, mas seu sonho maior ele não conseguiu implementar. Babbage, até recentemente, tinha entrado para a história como um homem muito à frente do seu tempo, que teria necessitado de uma tecnologia não disponível em seus dias. No entanto, em 1996, o Science and Technology Museum de Londres resolveu construir a sua máquina utilizando apenas recursos da metalurgia daquela época. A máquina não só foi construída como os programas de Ada King foram executados a contento (Encyclopædia Britannica).

Coube a Babbage uma outra participação vital na história da computação. Foi quando os árabes criaram o método de análise de frequência para quebrar códigos secretos e a Europa, mais tarde, responderia criando a cifra de Vigenère, que por muitos anos foi considerado indecifrável. Ele solucionou o problema usando variações do método de análise de frequência, o que obriga ao desenvolvimento de máquinas muito sofisticadas para produzir material criptografado (Encyclopædia Britannica).

Os alemães, principalmente na II Guerra Mundial, lançam mão de uma máquina denominada Enigma, que criou uma maneira revolucionária de fazer criptografia. Tal máquina continha circuitos elétricos e engrenagens que permitiam um número gigantesco de possibilidades de código, sendo considerada, na época, indecifrável. As forças alemãs usaram largamente tal equipamento, principalmente em seus submarinos, sem saber que, para a versão de três rotores da Enigma, os ingleses haviam desenvolvido um equipamento capaz de quebrar o código. Mais importante ainda: para lidar com a Enigma de cinco rotores eles desenvolveram, em 1943, sob a orientação de Alan Turing, um computador capaz de lidar com símbolos e de implementar algoritmos de decodificação. Tal computador, hoje aceito como o primeiro computador eletrônico programável, chamava-se Colossus (Encyclopædia Britannica).

Colossus e outros contemporâneos, como o americano Eniac, eram a implementação eletrônica dos sonhos de Babbage. A partir destas primeiras pesquisas o mundo da computação sofre constantes revoluções e um desenvolvimento que poucas ciências sofreram em tão curto espaço de tempo. A ideia de Konrad Zuse, engenheiro alemão que não teve apoio do governo nazista, de usar álgebra binária é largamente aceita. A chamada primeira geração de computadores (1951-1958), que usava válvulas como relé básico, dá lugar à segunda geração (1959-1963), agora com transistores e já com uma tendência à diminuição de peso, volume, robustez e confiabilidade — que persiste até os dias de hoje. Depois é a vez do amplo uso do circuito integrado, um componente eletrônico que incorpora milhares de transistores dentro de si: é a terceira geração (1964-1979). Finalmente, na quarta geração de computadores (1980 até hoje), temos a extrema miniaturização dos componentes, com o surgimento das CPUs de alto desempenho. Com isto, pequenos computadores pessoais de hoje superam, em memória e capacidade, qualquer um dos históricos computadores de outras gerações.

A diminuição de custos, volume e peso dos computadores fizeram com que os mesmos começassem a interessar a outros segmentos da sociedade. Até então restritos a governos, militares e centros de pesquisa, os computadores começam a aparecer nas versões de *mainframes*, depois minicomputadores e, finalmente, computadores pessoais (PCs), que atingem não só pequenas empresas como também o usuário doméstico. Um PC atual tem, pelo menos, a mesma capacidade de processamento de um *mainframe* dos anos 1980 e, com ele, a computação atinge um patamar de difusão nunca antes imaginado. Em pouco tempo o computador se torna um utensílio doméstico, atingindo um público vasto e mostrando a todos o início da sociedade da informação.

Um outro elemento iria tornar o uso dos computadores ainda mais essencial aos dias de hoje: a internet. A ideia de se ligar computadores em rede surge na década de 1960, por motivos militares. Na época, a Guerra Fria entre EUA e URSS estava no auge, e a ameaça de ataques nucleares era, infelizmente, bastante concreta. Desta forma, os americanos se interessaram em criar uma rede de comunicação que, por sua redundância e forma de atuar (envio de pacotes), se tornaria operacional, mesmo que alguns grandes centros americanos estivessem aniquilados.

A princípio esta rede ligaria apenas algumas poucas universidades, centros de pesquisas e instalações militares. No entanto sua disseminação foi tanta que, a partir da década de 1990, com o uso comercial e o advento da *world wide web* (www), criada pelo inglês Tim Berners-Lee em 1989, a internet ganhou imagem, animações e som, e passou a se apresentar como um enorme canal de entretenimento, comércio e negócios.

Tendências e perspectivas da tecnologia da informação

Em 1973, Peter Drucker declarava que o uso dos computadores se tornaria uma tendência crescente entre as empresas. Esta afirmação, hoje bastante óbvia, mostrou uma grande capacidade de previsão. De fato, não se consegue pensar em uma economia moderna sem o vasto uso da informática, e toda uma nova economia digital surgiu derivada da internet e suas tecnologias. É sempre bom lembrar que a internet comercial nasceu no início dos anos 1990 e chegou ao Brasil em 1995. Já em 1997 éramos pioneiros em serviços relativos a preenchimento e entrega de declaração de imposto de renda por meios eletrônicos (Secretaria da Receita Federal, 1997).

Na verdade, toda esta transformação se fez de maneira muito rápida. Em 1975, o Unibanco, de forma pioneira no Brasil, inaugurava a primeira ligação intermunicipal entre suas agências, ligando Rio a São Paulo. Em 1983 o Bradesco disponibilizou seus primeiros caixas eletrônicos. Hoje estes serviços são corriqueiros no Brasil e nós temos, desde 2001, um rigoroso e eficiente sistema de pagamento bancário.

Como estrelas atuais desta rápida evolução podemos destacar, no Brasil e no mundo, algumas tecnologias como as principais tendências de informatização e busca de produtividade por parte das empresas.

A primeira que comentaremos é a já citada gestão integrada, por meio de sistemas ERP. Essa ideia ganha vigor a partir de 1993 e, em pouco tempo, conquista adeptos. Já em 1996, 1.400 empresas brasileiras possuíam algum módulo de ERP. Sabe-se que há uma grande tendência pelos *buy systems* em vez de *build systems* (67% contra 33%, em 1998) e, portanto, modelos padronizadores, como o ERP, têm crescido em importância. A gestão integrada é também decorrência da concepção de trabalho colaborativo por meio de redes internas, as denominadas intranets, que igualmente permitem políticas de gestão do conhecimento nas empresas.

Um sistema ERP deve ser capaz de lidar com os processos de vendas, compras, marketing, logística e atendimento ao cliente, entre outros. A ideia é que todo funcionário possa atualizar e usar o sistema, de forma que este sempre reflita um diagnóstico fiel dos níveis de venda, estoque, satisfação e produção da empresa.

A abrangência de sistemas ERP é tão grande, "do piso da fábrica até a alta gerência", como diz o jargão, que ele costuma ser vendido e implementado em módulos, geralmente divididos nas categorias: estoque, compras e vendas, finanças e atendimento. A estratégia de se implantar todo o sistema de uma só vez (o *big bang*) não é a prática mais comum.

Projetos ERP possuem custos elevadíssimos. À compra das licenças de software deve-se acrescentar o treinamento (cerca de 20% dos custos totais), no qual geralmente se cria uma equipe de usuários-pilotos, que multiplicam o conhecimento pela empresa. O custo de suporte também é elevado (entre 20% e 50% do software), principalmente nos primeiros anos de uso. A implantação deve ser acompanhada por consultores, que custam de 50% a 200% do preço do software.

Um sistema ERP bem-implantado representa um grande reforço na capacidade e produtividade de uma empresa. Alguns casos famosos de alto investimento que fracassaram e um alto índice de empresas que aplicaram grandes recursos e decidiram voltar ao estágio inicial obscureceram as grandes vantagens que uma empresa obtém quando implanta um ERP de forma bem-sucedida.

Outra grande tendência atual está no uso dos sistemas CRM. Há muito se sabe que conhecer o cliente é parte essencial de qualquer negócio. Mas o que fazer quando são milhares de clientes ou, no caso de governos, milhões de cidadãos? Nessas hipóteses, simples inspeção e bom senso não bastam para responder às perguntas para as quais um sistema CRM procura disponibilizar respostas:

- Quem são seus clientes?
- O que eles compram?
- Quais são os bons e os maus pagadores?
- O que eles mais admiram nas empresas?
- O que eles mais criticam?
- Quando se faz troca de produtos? Ou *upgrade*?
- Eles são fiéis ou compram também com os concorrentes?

Sistemas CRM são fundamentais para empresas com um grande número de clientes, independentemente do fato de serem grandes empresas ou não. Algumas empresas como, por exemplo, Furnas Centrais Elétricas S.A. são enormes empresas com um pequeno número de clientes: as distribuidoras de energia. Nessas situações, o CRM deve ser feito de forma muito diferente.

CRM não é simplesmente uma ferramenta para armazenar queixas, sugestões e dados relativos aos clientes e suas operações. Estes dados operacionais compõem apenas o que denominamos CRM operacional. Aproveitar estes dados para tirar conclusões sobre os mesmos é o foco do chamado CRM analítico.

Para o real aproveitamento destes dados usamos tecnologias originárias da área de banco de dados e inteligência artificial.

Os dados são guardados em *data warehouses*, e a análise deles fica centralizada em uma série de técnicas conhecidas como *data mining*.

O objetivo de um *data warehouse* é fornecer, a gerentes e administradores de projetos, uma visão de tendências dos dados de uma forma interativa, sem a intermediação de analistas de sistemas e programadores. Ao contrário de sistemas ditos operacionais, o *data warehouse* estará mais preocupado com dados que mostrem históricos e padrões, do que com retratos momentâneos da situação da empresa, como normalmente ocorre em bancos de dados tradicionais.

As técnicas de *data mining* permitem a extração de conhecimento implicitamente armazenado entre os dados. Tal conhecimento é, normalmente, mostrado na forma de regras, como é comum em sistemas de inteligência artificial.

Sistemas CRM têm encontrado um alto índice de insucesso entre as empresas que tentaram implantá-los (55% nos EUA, em 2002). Boa parte dos insucessos é relativa a sistemas comprados, mas não utilizados pelos seus funcionários (42% na mesma pesquisa). Esta resistência (tecnicamente denominada "não aderência") por parte daqueles que deveriam usar o sistema induz uma preocupação maior no que diz respeito à mobilização, conscientização e treinamento no uso desta tecnologia. O pior é que um sistema CRM necessita de um sistema ERP para seu melhor aproveitamento, e as dificuldades de implantação de um sistema acabam se somando às dificuldades de implantação do outro.

Uma área em que a informatização tem atuado profundamente, e onde o software brasileiro é de reconhecida competência, é a de recursos humanos (RH). Softwares para esta área são aplicados em RH operacional (férias, folhas de pagamento etc.), planejamento (acompanhamento de capital intelectual e de competências), recrutamento (até mesmo pela internet), acompanhamento de desempenho pessoal e de grupos, entre outros. Nos últimos tempos, a adoção de *e-learning* também tem introduzido os softwares para criação de cursos virtuais.

Mas, segundo a Eaesp/FGV, a área das finanças é a segunda área mais procurada no que diz respeito a softwares, só perdendo para os sistemas ERP. Isto se deve, em parte, às particularidades do nosso sistema de previdência, impostos, sistema de pagamentos brasileiros (SPB) e ao paradigma do sistema de transferência eletrônica disponível (TED), que exige a saída imediata do dinheiro do sacado e depósito concomitante na conta final.

A internet se mostra como meio para muitas destas tecnologias. Transferência entre agências bancárias, por exemplo, pode ser feita através das *virtual private networks* (VPNs), que são redes virtuais criadas sobre a internet nas quais os dados trafegam de forma criptografada. Desta forma empresas se lançam na internet de forma segura, com seus portais corporativos mantidos por softwares gerenciadores de conteúdo.

Dr. Alfredo começa a se inteirar deste novo mundo. Ele percebe o alcance e as grandes possibilidades que a tecnologia da informação pode proporcionar.

Em seguida, dr. Alfredo começa a se preocupar com o planejamento dos sistemas que suportarão suas atividades profissionais.

2 Modelagem de processos

Dr. Alfredo está em uma situação muito delicada e frustrante. Ele visita outras clínicas concorrentes e sempre se depara com instituições mais ágeis e informatizadas. Ele tem o desejo de contratar uma equipe que implemente sistemas que automatizem o processo de reserva de consultas, compra e venda de medicamentos, pagamento de médicos e enfermeiros, entre os muitos sistemas que já percebeu funcionando nos seus concorrentes. Mas como explicar seus desejos a esta equipe de modo a não recair naquela situação de encarar um produto final que está longe do que se pretendia?

Introdução ao processo racional unificado de desenvolvimento de software

Se ao menos houvesse uma maneira de descrever requisitos de um sistema de forma a expressar exatamente o que se pretende obter...

Nesse momento o especialista contratado, sr. Vinicius Felippo, começa a explicar ao dr. Alfredo que existem metodologias que nos ajudam a formalizar nossos requisitos e desejos em relação aos softwares que encomendamos.

Quando pensamos em desenvolvimento de um software, a primeira imagem que temos é de um grupo de pessoas sentadas diante de seus computadores escrevendo as linhas de código que implementam o sistema. Esta imagem não é de todo falsa. Elaborar linhas de código é, realmente, uma atividade que faz parte do trabalho dos desenvolvedores de um sistema.

No entanto, os projetistas passarão boa parte do tempo elaborando conceitualmente o software: que componentes farão parte do sistema? Como estes componentes se comunicam? Como elaborar o software de forma a aproveitar códigos já existentes? Como utilizar das melhores práticas que aprendemos com anos de desenvolvimento de software? Estas são apenas algumas perguntas com que os projetistas se envolverão quando estiverem realizando a modelagem do sistema.

Toda esta preocupação se justifica pela própria complexidade dos projetos de software. Boehm e Papaccio (1998) mostraram que, em média, um projeto de software sofre cerca de 25% de mudanças em seus requisitos ao longo de sua implementação, conforme figura 1.

É natural que isto aconteça. Um sistema corporativo é feito para lidar com equipamentos, pessoas, seus processos de trabalho e aplicações de regras de negócio. Principalmente quando lidamos com pessoas, percebemos que é comum não termos uma especificação formal de suas atividades e suas intenções. Mais ainda: seus desejos e intenções podem variar conforme o sistema vai-se tornando mais tangível e o projeto avança, oferecendo alternativas e possibilidades não antecipadas.

Figura 1

ÁRVORE DE OPORTUNIDADES DE MELHORIA DE PRODUTIVIDADE

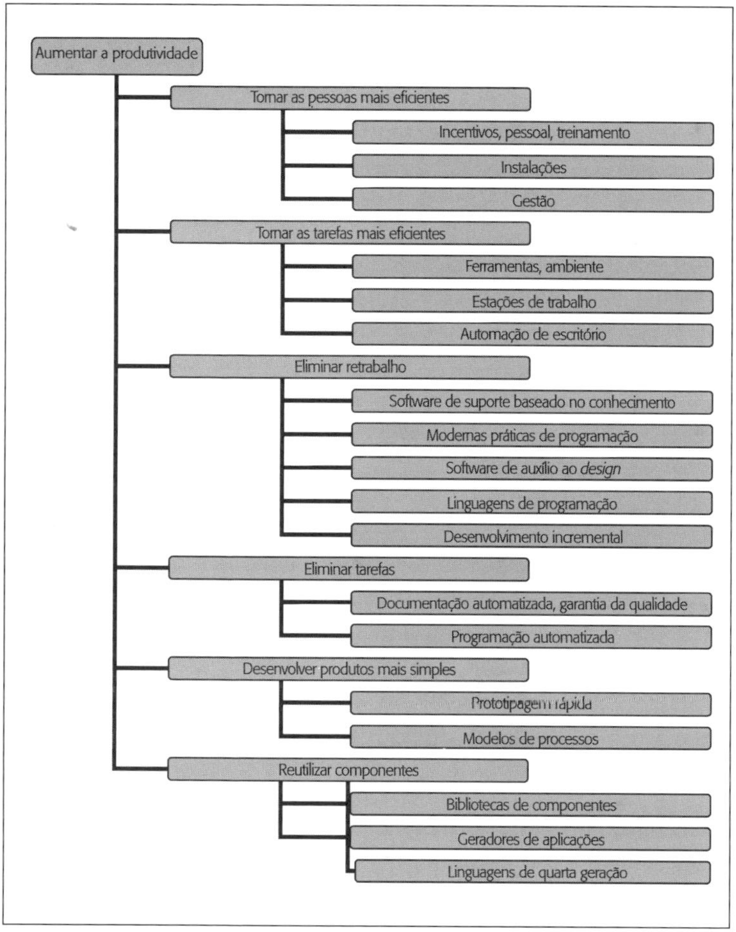

Fonte: Boehm e Papaccio (1998).

O processo de desenvolvimento de software é, portanto, complexo e exige disciplina e aproveitamento de lições e experiências que foram bem ou malsucedidas. O mais comum e reconhecido processo de desenvolvimento é identificado pela sigla RUP, correspondente, em inglês, a processo racional unificado. Neste texto utilizaremos tal metodologia como ilustração de modelagem dos requisitos de um sistema.

Para o RUP não é aconselhável procurar cobrir todas as especificações e requisitos de um sistema antes de se buscar a implantação do mesmo. Basicamente, o processo considera inevitável a mutação e criação de novos requisitos durante o desenvolvimento do projeto. É o que Beck (1999) chamou de "*embrace change*" ou "acolher a mudança", como ilustra a figura 2.

Figura 2

EVOLUÇÃO DOS MODELOS DE DESENVOLVIMENTO DE SOFTWARE

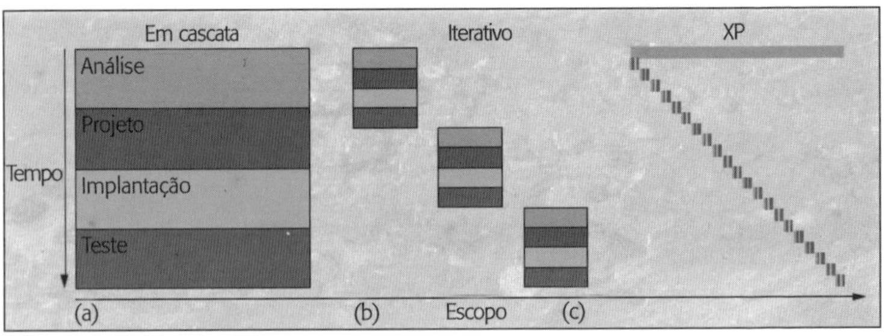

Fonte: Beck (1999).

A esperança de se levantarem todos os requisitos no início do desenvolvimento e de que eles continuem congelados até o final tem-se mostrado constantemente errônea. A mudança e a adaptação são componentes típicos do desenvolvimento de qualquer sistema. Portanto, o RUP considera contraproducente buscar a utopia de se conhecer tudo do sistema antes de se tomar os primeiros passos para sua concretização. Ele sugere que o sistema seja desenvolvido em ciclos (ou iterações) e que a cada ciclo incorpore parte das soluções esperadas no sistema final. Tal proposta está resumida na figura 3. Observamos que cada ciclo termina em uma proposta consistente, embora ainda não completa. Isto se repete até a última iteração, situação em que o produto atingido incorpora todas as funcionalidades e requisitos esperados.

Figura 3

O PROCESSO DE DESENVOLVIMENTO EM ITERAÇÕES

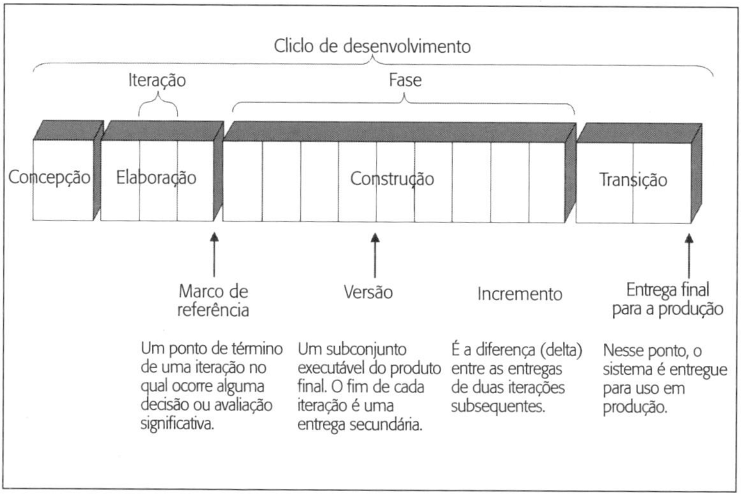

Fonte: Larman (2007).

Na figura 3 percebemos que o processo racional unificado divide o desenvolvimento de um projeto em quatro fases: concepção, elaboração, construção e transição.

Na primeira fase, concepção, criamos uma visão aproximada do negócio, por meio da definição de escopo e elaboração de primeiras estimativas. A concepção pode ser entendida como um estudo de viabilidade do sistema. Algumas perguntas devem ser respondidas nesta fase, como, por exemplo: O sistema é viável? Devemos desenvolver o sistema ou comprar um? Qual a estimativa inicial de custos?

Na elaboração refina-se com mais profundidade a arquitetura central do sistema, implementando-o de forma iterativa. Refinam-se as estimativas e soluciona-se a maioria dos requisitos, além de se lidar com os principais riscos. Não se trata de levantar requisitos, mas sim de implementá-los e lidar com os problemas e situações mais importantes e desafiadores.

Na construção, também de forma iterativa, implementa-se o restante dos requisitos e lida-se com os riscos de menor importância.

Finalmente, na transição elaboramos testes relativos à implementação. Para cada iteração cobrimos todas as questões ou, em termos RUP, disciplinas, como requisitos, projetos, teste etc. relativos ao desenvolvimento da iteração completa (figura 4). Observe que, conforme a fase com que a iteração está envolvida, a disciplina tem maior ou menor envolvimento com a iteração. Na figura mostrada, as disciplinas de implementação e teste estão muito presentes na iteração analisada.

Para definir o sistema, sua divisão interna e documentação para cada iteração, a mais bem-sucedida forma de modelagem é a análise de projeto orientada a objetos (A/POO). Por esta abordagem o projetista percebe quais são os objetos que compõem o universo de discurso no qual o sistema se insere e implementa uma representação destes objetos e da sua comunicação no sistema.

Para expressar suas ideias sobre a modelagem do sistema, os projetistas de software utilizam a *unified modeling language* (UML), que é uma notação-padrão para a diagramação do sistema. A UML cobre todas as fases da concepção e evolução do sistema. Neste texto analisaremos apenas o principal artefato da UML, que serve para documentar a análise de requisitos do sistema, os denominados "casos de uso", que são narrativas ou cenários sobre como as pessoas utilizarão o software que está sendo desenvolvido.

Figura 4

DISCIPLINAS E O PROCESSO DE DESENVOLVIMENTO

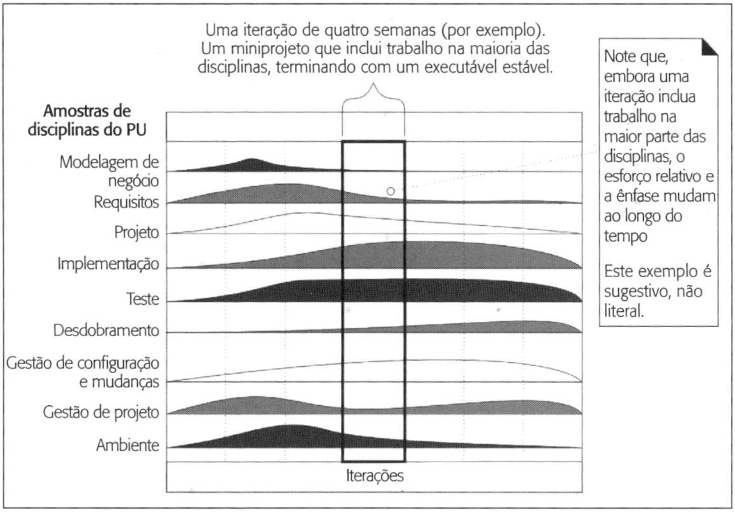

Fonte: Larman (2007:63).

Análise de requisitos

Para entendermos o uso deste tipo de ferramenta (ou artefato, no jargão RUP) lançaremos mão de um exemplo de sistema que o dr. Alfredo está interessado em ter em sua clínica. O sistema envolve a compra de medicamentos (indicados após a consulta que o paciente fez com o médico) na farmácia da clínica. O dr. Alfredo quer que funcionários da clínica possam receber os pedidos de compra de medicamentos dos pacientes em terminais remotos, com uma interface apropriada e com leitura de medicamentos vendidos por meio de código de barras. O sistema deverá ser capaz de calcular impostos, dar baixa em estoques, apontar necessidade de ressuprimentos e ser tolerante a falhas, como as constantes faltas de energia na região em que a clínica está localizada e a falta de comunicação com a central à qual os terminais remotos estão ligados. Neste último caso, espera-se que o sistema possa continuar operando de forma reduzida, aceitando as vendas em dinheiro. O sistema deve ser capaz de lidar com os diversos equipamentos que o dr. Alfredo tem comprado ao longo dos anos, tais como terminais sensíveis ao toque (*touch screen*), PDAs e computadores pessoais. Esta situação é baseada em um sistema desenvolvido em detalhes na obra *Utilizando UML e padrões*, de Larman (2007).

A participação mais efetiva de um usuário no desenvolvimento de um software se dá na análise dos requisitos do mesmo. Dentro do RUP, os requisitos são classificados de acordo com o modelo Furps+, cujo nome é formado pelas iniciais, em inglês, das seguintes categorias:

- funcional (*functionality*) — são os requisitos relativos às características, capacidade e segurança do sistema;
- usabilidade (*usability*) — requisitos relativos a fatores humanos, recursos de ajuda e documentação;
- confiabilidade (*reliability*) — capacidade de lidar com falhas e de apresentar recuperação, ter um comportamento previsível;
- desempenho (*performance*) — requisitos relativos à precisão, tempo de resposta e volume de resposta;
- suporte (*support*) — requisitos relativos à capacidade de manutenção e adaptabilidade a outras situações.

Além disso, o "+" de Furps+ se refere a outros requisitos, que podem advir de necessidades como facilidade de transporte e empacotamento, questões jurídicas e uso de patentes, por exemplo.

Casos de uso do sistema

Embora o RUP aceite diversos tipos de artefatos para lidar com os requisitos do cliente, o mais importante e o único que analisaremos neste texto é o que chamamos "casos de uso". Tais casos pretendem, de forma textual, descrever cenários de utilização do sistema.

Para facilitar a compreensão deste tipo de artefato, vejamos como podemos elaborá-lo para a situação da farmácia das clínicas do dr. Alfredo. Primeiro, informalmente, descrevemos o uso do sistema no formato resumido. Observe que temos o usuário querendo atingir um objetivo com o sistema: processar vendas de medicamentos indicados.

O paciente, após consulta com o médico, traz uma receita com uma lista de medicamentos a serem comprados. O operador do ponto de caixa deve registrar cada item e conferir, por meio do sistema, se o mesmo está disponível. O sistema irá totalizando a compra, mostrando os detalhes de cada item. No final, o sistema deve verificar as condições de pagamento pretendidas pelo cliente e validar a compra. O sistema, então, deve registrar cada compra, fazer o devido acerto de estoque e emitir os recibos.

A partir desta descrição iremos fazer o *caso de uso completo*. Vários gabaritos são disponíveis para isto. Para o nosso exemplo, adotaremos uma adaptação do gabarito proposto por Cockburn (2001), conforme quadro 1.

Quadro 1

CASO DE USO COMPLETO

Seção do caso de uso	Comentários
Nome do caso de uso	Um nome que comece por um verbo. Em geral se refere a um processo dentro da empresa
Escopo	O sistema que está sendo proposto
Nível	Classificado como "objetivo do usuário" ou "subfunção do sistema"
Ator principal	Aciona o sistema e faz as opções para obter os serviços pretendidos
Interessados/interesses	Para quem este caso é importante e por quê
Precondições	O que deve ser verdadeiro para o processo acontecer
Pós-condições	O que deve ser verdade ao final do processo
Cenário de sucesso principal	Trajetória bem-sucedida de utilização do processo em que todas as etapas terminam com resultados esperados ou desejados

Continua

Seção do caso de uso	Comentários
Extensões	Cenários alternativos de sucesso ou fracasso
Requisitos especiais	Requisitos que não sejam os principais e mais utilizados pelos usuários
Lista de variantes tecnológicas	Equipamentos e formas de entrada e saída
Frequência de ocorrência	Frequência de acionamento do processo
Pontos em aberto	Assuntos que mereçam ser mencionados e ter suas dúvidas sanadas

Fonte: Cockburn (2001).

A aplicação deste gabarito para o nosso caso de uso é mostrada a seguir. Não é nossa intenção preenchê-lo de uma forma completa, mas sim ilustrativa e educativa. Nos casos em que mais itens poderiam ter sido enumerados, acrescentamos a palavra "outros(as)".

Comentários especiais (ou extensões) se aplicam na construção de cenários alternativos, conforme mostrado no quadro 1.

Para a elaboração de cenários alternativos usaremos as seguintes notações:

- * seguido de uma letra (*a, *b, *c etc.) diz respeito a um cenário que pode ocorrer a qualquer momento do desenrolar do cenário principal. No quadro 2, temos *a como sinônimo de "a qualquer momento o gerente solicita uma operação de correção";
- número seguido de uma letra (2a, 3b, 4a etc.) diz respeito a um passo do cenário principal ou do cenário que está sendo analisado (2, 3, 4 etc.) que obteve uma resposta diferente da esperada. Para o processo com que estamos lidando, podemos citar o seguinte exemplo para a primeira situação: no quadro 2 vemos que o passo 4 do cenário principal pode não obter o resultado esperado. O preço exibido para o item sendo adquirido pode não ser verdadeiro ou é inexistente. Neste caso, como atitude a tomar diante desta contingência,

construiríamos um cenário alternativo rotulado como 4a e que teria os cinco passos mostrados.

Quadro 2

CENÁRIOS ALTERNATIVOS

Seção do caso de uso	Comentários
Nome do caso de uso	Processar vendas de medicamentos indicados em receita médica.
Escopo	Sistema PDV farmácia (ponto de venda de farmácia).
Nível	Objetivo do usuário.
Ator principal	Aciona o sistema e faz as opções para obter os serviços pretendidos.
Interessados/ interesses	Neste ponto devemos listar todos aqueles que podem se envolver com o sistema e, de alguma forma, influir para o resultado final do processo. Os envolvidos são: ❑ operador do caixa — deseja entrar com os dados das compras de uma maneira rápida e simples, que não exija memorização exaustiva de sequência de teclas ou passos; ❑ cliente — deseja realizar sua compra rapidamente e ter direito a comprovantes que facilitem possíveis devoluções. Deseja poder realizar verificações e checagens quanto à compatibilidade do que pede em relação ao que está sendo fornecido ao sistema; ❑ médico — deseja poder verificar se suas indicações foram seguidas em relação à receita dada ao paciente; ❑ gerente — deseja poder fazer e autorizar operações de correções para eventuais falhas na alimentação de dados; ❑ governo — deseja receber os impostos corretamente e ter mecanismos para auditar a cobrança de taxas. A agência governamental de saúde deseja poder auditar a consistência e implementação da aquisição de medicamentos associados a receitas médicas; ❑ bancos e operadoras de cartão de crédito — desejam pedidos de autorização de pagamentos claros e simples de efetuar. Esperam formatos baseados em protocolos estabelecidos para comunicação eletrônica.

Continua

Seção do caso de uso	Comentários
Precondições	O paciente deve possuir uma receita médica fornecida após uma consulta com um ou mais médicos da clínica. O operador de caixa deve ter autorização para acionar o sistema etc.
Pós-condições	Venda feita, com os impostos devidamente coletados e paciente com os remédios indicados pela receita médica. Os estoques da farmácia devem estar atualizados após a venda. Os recibos foram emitidos, assim como as autorizações de pagamento.
Cenário de sucesso principal	1 – cliente chega ao ponto de venda com a receita, mostrando os medicamentos que devem ser comprados; 2 – caixa começa uma nova venda; 3 – caixa insere o código do item que faz parte da receita do médico; 4 – sistema exibe as condições de venda do item, assim como assegura a disponibilidade em estoque; 5 – sistema apresenta os resultados parciais da venda; 6 – repetem-se os passos 3 a 5 para todos os itens indicados na receita médica; 7 – sistema reporta o total de impostos e o total da venda; 8 – caixa informa o total ao cliente e solicita pagamento; 9 – sistema recebe autorização de pagamento de cartão de crédito ou banco (se for o caso), ou caixa recebe pagamento em dinheiro; 10 – sistema registra venda completada e envia dados para a contabilidade e para o estoque.
Extensões	***a – a qualquer momento o gerente solicita uma operação de correção:** 1 – sistema entra no modo gerente; 2 – gerente realiza as operações pendentes, como, por exemplo, anular uma venda, alterar o saldo do caixa, entre outras possibilidades; 3 – sistema retorna ao modo operador de caixa. **4a – sistema apresenta um preço incompatível (ou inexistente) para o item sendo adquirido:** 5 – caixa solicita intervenção do gerente; 6 – gerente realiza operação de correção anulando venda do item; 7 – caixa insere o preço correto para o item; 8 – sistema apresenta novo preço em teste; 9 – sistema retorna ao modo caixa, mostrando condições de vendas antes da tentativa de inclusão do item com o preço incompatível.

Continua

Seção do caso de uso	Comentários
Requisitos especiais	Leitura da tela possível para pessoas com algum tipo de deficiência visual. Identificação em papel para pagamento e assinatura de cartão de crédito, com autorização online feita por meio de autorização eletrônica. Pagamento feito por meio de leitor de cartão de banco com débito imediato na conta do cliente. Capacidade de recuperação da consistência nos dados após uma interrupção do sistema por forças externas, como, por exemplo, interrupção do fornecimento de energia. Outros.
Lista de variantes tecnológicas	Entrada de dados por terminais com tela *touch screen* ou por meio de teclado ou mouse. Em todos os casos é esperado o uso de interfaces gráficas. Produto identificado por leitor de código de barras ou identificador de RFID. Outros.
Frequência de ocorrência	Contínua, durante o período de operação diária da clínica.
Pontos em aberto	Quem insere o cartão do banco ou de crédito: o cliente ou o caixa? Podemos dispor de equipamentos de fornecimento emergencial de energia? Qual o período máximo de inatividade do sistema diante de uma falha externa? Outros.

Dr. Alfredo já está mais despreocupado. Ele já sabe como especificar os sistemas que gostaria de ver atuando em sua clínica. Afinal, é fundamental ter a capacidade de expressar formalmente seus desejos. Com as explicações do especialista Vinicius Felippo ele já vislumbra a luz no fim do túnel.

A partir daqui ele contrata uma equipe para modelar todos os processos existentes em sua clínica, de forma que possa decidir sobre os próximos passos no processo de informatização. E começa a estudar modernos sistemas de informação. É o que veremos no próximo capítulo.

3

Sistemas de informação

O dr. Alfredo entende a necessidade de uma gestão integrada. Ele aprende a escolher soluções ERP e CRM e a avaliar os riscos associados, bem como a analisar comparativamente as opções de comprar ou desenvolver o software.

Definições de sistemas de informação

Depois de modelar todos os processos da clínica, o dr. Alfredo percebe que o mundo da tecnologia da informação é maior do que parecia inicialmente. Ele claramente percebeu que todos aqueles processos faziam parte de um conjunto de sistemas de informação. Pesquisando, percebeu que diversos autores tinham várias definições sobre o tema. Veja:

- "um sistema que coleta, processa, armazena, analisa e dissemina dados e informações para um propósito específico" (Turban e colaboradores, 2007);
- "um sistema utilizado para coletar, armazenar, processar e apresentar informações para apoiar as necessidades de informações de uma empresa" (Shore, 1988);

- "um conjunto de procedimentos organizados que, quando executados, proveem informações para apoiar processos de tomada de decisões e controlar a organização" (Lucas, 2008);
- "um sistema que provê procedimentos para registrar e tornar disponível informação, sobre parte de uma organização, para apoiar atividades relacionadas com a própria organização" (Flynn, 1987);
- "um conjunto de componentes inter-relacionados utilizados para sentir, comunicar, analisar e apresentar informações com o propósito de melhorar nossa capacidade de perceber, compreender, controlar e criar (Laudon e Laudon, 2007).

Logo, o dr. Alfredo concluiu que um sistema de informações moderno coleta dados no ambiente em que opera usando recursos de sensoriamento e telecomunicações (entrada), analisa essas informações usando software e hardware (processo) e, finalmente, apresenta o produto como informação útil (saída).

Para o dr. Alfredo, as vantagens do uso de sistemas de informações ficaram bastante claras:

- maior eficiência;
- maior controle sobre as operações;
- menores custos;
- menor quantidade de erros;
- melhoria dos serviços ao consumidor;
- melhor planejamento e organização das atividades operacionais e de distribuição;
- decisões baseadas em melhores informações;
- menor dependência de processos intensivos em mão de obra não especializada.

No entanto, ele percebeu que o uso de sistemas de informação poderia causar impactos negativos na estrutura do trabalho, tais como:

- o desemprego tecnológico, provocado pelo avanço das tecnologias baseadas em microeletrônica e consequente introdução de máquinas de controle numérico, robôs e computadores substituindo pessoas;
- o isolamento das pessoas, provocado pela sua maior autonomia em relação aos serviços de apoio e pelas possibilidades criadas para o trabalho a distância, até mesmo em grupo;
- o empobrecimento das funções do trabalho. Ele percebeu que os gerentes de banco, em épocas passadas, tinham autonomia para conceder um empréstimo a um cliente específico baseados no histórico e na sua percepção em relação a esse cliente. No modelo atual, o sistema de informação fica responsável por essa análise e consequente liberação de crédito, no caso do banco. Ou seja, o cargo tinha um valor agregado que deixou de existir;
- a própria intensificação do trabalho. Hoje, em termos de produtividade, trabalha-se mais que várias pessoas 50 anos atrás. Vejam, por exemplo: quantos e-mails enviamos por dia? Com a utilização do celular, com quantas pessoas falamos diretamente todos os dias? Onde foi parar o tempo extra liberado pelo uso das máquinas em nosso dia a dia?;
- a redução do nível de autonomia e aumento do controle sobre os funcionários.

A evolução dos sistemas de informação

Estudando mais sobre os sistemas de informação, o dr. Alfredo percebeu que o progresso do software podia ser dividido em fases bem distintas.

Primeira fase: processamento de dados — dos anos 1950 a meados dos anos 1960 prevaleceu a aplicação customizada com distribuição limitada. O próprio usuário desenvolvia seu sistema, quase sempre um sistema simples. Esse processo quase informal não exigia qualquer técnica de projeto, controle de qualidade ou documentação. A eficiência era o objetivo principal, tendo como instrumento a automação de procedimentos operacionais. Os sistemas eram orientados para o processamento de transações.

Segunda fase: sistemas de informação gerencial — já entre meados dos anos 1960 e fim dos anos 1970 houve um aumento na complexidade dos sistemas de informação, com o surgimento dos sistemas em tempo real, os bancos de dados, os softwares e as software houses. Passou-se a exigir manutenção, na medida em que havia erros a serem corrigidos além de modificações solicitadas pelos usuários a serem inseridas. A crescente importância dos softwares tornou-se visível diante do grande volume da distribuição de cópias e de seu peso no custo total do sistema, que chegava a 80%. A eficiência da organização foi mantida como objetivo, mas a orientação dos sistemas passou para o fornecimento de informações. A mudança foi facilitada pelo advento dos microcomputadores, das redes e pela introdução das funções de consulta para apoiar os sistemas de suporte à decisão.

Terceira fase: sistemas de informação estratégicos — os sistemas são voltados para o aumento da competitividade das organizações em razão da mudança que introduzem na natureza ou maneira de conduzir o negócio.

O dr. Alfredo entendeu também que, além dos três níveis clássicos de classificação (operacional, tático e estratégico), é considerado um outro nível denominado nível de conhecimento (*knowledge level*), situado entre o operacional e o tático, responsável pela criação de novas informações e conhecimento, formado por médicos, analistas de sistema, engenheiros, advogados, cientistas, analistas financeiros, entre outros.

Enterprise resource planning (ERP)

O dr. Alfredo percebeu que poderia acelerar muito o processo de informatização de sua clínica se decidisse, em vez de encomendar o desenvolvimento de um novo sistema, adquirir um sistema pronto.

Estes sistemas, chamados de ERP (*enterprise resource planning*), podem ser definidos como sistemas de informação integrados, adquiridos na forma de um pacote de software comercial, com a finalidade de dar suporte à maioria das operações de uma empresa. São, geralmente, divididos em módulos que se comunicam e atualizam uma mesma base central de dados, de modo que informações alimentadas em um módulo são instantaneamente disponibilizadas para os demais módulos que delas dependem.

Os sistemas ERP permitem, ainda, a utilização de ferramentas de planejamento que podem analisar o impacto de decisões de manufatura, suprimentos, finanças ou recursos humanos em toda a empresa.

A Deloitte Consulting (1998) define ERP como "um pacote de software de negócios que permite a uma companhia automatizar e integrar a maioria de seus processos de negócio, compartilhar práticas e dados comuns através de toda a empresa e produzir e acessar informações em um ambiente de tempo real".

Segundo a TechEncyclopedia, o ERP é

> um sistema de informações integrado que serve a todos os departamentos em uma empresa. Tendo sido desenvolvido a partir de indústrias de manufatura, o ERP implica o uso de pacotes de software ao invés de sistemas desenvolvidos internamente ou apenas para um cliente. Os módulos do ERP podem ser capazes de interagir com outros sistemas da organização, com grau de dificuldade variável, e, dependendo do fornecedor, pode ser alterado através de programação.

O dr. Alfredo verificou que os sistemas ERP possuem uma série de características que, tomadas em conjunto, claramente os distinguem dos sistemas desenvolvidos internamente nas empresas e de outros tipos de pacotes comerciais.

Entre essas características, importantes para a análise dos possíveis benefícios e dificuldades relacionados com a sua utilização e com os aspectos pertinentes ao sucesso de sua implementação, destacam-se:

- são pacotes comerciais de software;
- são desenvolvidos a partir de modelos-padrão de processos;
- são integrados;
- têm grande abrangência funcional;
- utilizam um banco de dados corporativo;
- requerem procedimentos de ajuste.

O dr. Alfredo percebeu que a aquisição de um ERP poderia resolver dois dos grandes problemas relacionados à construção de sistemas por meio dos métodos tradicionais de análise e programação: o não cumprimento de prazos e de orçamentos.

Segundo Martin e Dehayes (1991), "muito já se escreveu sobre o que há de errado com o processamento de dados hoje em dia, existindo registros de vários anos. A construção de sistemas toma muito tempo e seu custo é muito alto".

De acordo com Gibbs (1994), "em média, os projetos de desenvolvimento de software ultrapassam o cronograma em 50%. Projetos maiores geralmente ultrapassam mais".

Embora já existam várias alternativas para tentar resolver esse problema, tais como o uso de metodologias de gerenciamento de projetos, como a do Project Management Institute (PMI), o problema continua a existir.

Entre essas alternativas também está a utilização de pacotes comerciais de software. Brooks (1995) afirma que "a mais radical solução para os problemas da construção de software é não construí-lo mais". Segundo o autor, "o custo do software sempre foi o de desenvolvimento, não o de replicação. Dividindo esse custo entre diversos usuários, mesmo que poucos, reduz-se radicalmente o custo por usuário".

Outra característica importante relacionada ao ERP é a utilização de modelos-padrão de processos de negócios. Processos de negócios podem ser definidos como um conjunto de tarefas e procedimentos interdependentes realizados para alcançar um determinado resultado empresarial. O desenvolvimento de um novo produto, o atendimento de uma solicitação de um cliente ou a compra de materiais são exemplos de processos. Segundo Davenport e Short (1990), uma das características dos processos de negócios é o fato de que eles normalmente cruzam fronteiras organizacionais, isto é, as tarefas de um mesmo processo podem ser realizadas por diferentes departamentos em uma empresa.

Assim como os demais pacotes comerciais, os sistemas ERP não são desenvolvidos para clientes específicos, procurando atender a requisitos genéricos do maior número possível de empresas, justamente para explorar o ganho de escala em seu desenvolvimento. Portanto, para que possam ser construídos, é necessário que incorporem modelos de processos de negócios obtidos por meio da experiência acumulada pelas empresas fornecedoras em repetidos processos de implementação, ou elaborados por empresas de consultoria e pesquisa em processos de *benchmarking*.

O ERP também implementou as chamadas melhores práticas. O termo *best practices* é utilizado amplamente por fornecedores de sistemas ERP e consultores para designar esses modelos-padrão, mas é preciso certo cuidado quanto ao seu real significado. O Gartner Group (1998), por exemplo, refere-se a esses modelos-padrão de processos como *average practices* (práticas comuns). Davenport (2000:92) afirma que "[no caso dos sistemas ERP] é o fornecedor, e não o cliente, que define o que [a plalavra] 'melhor' quer dizer" e que "em alguns casos os pressupostos do sistema podem ir realmente de encontro aos interesses da empresa".

Uma característica animou muito o dr. Alfredo: os sistemas ERP normalmente disponibilizam um "catálogo" de processos empresariais criados a partir de um extenso trabalho de pesquisa e experimentação.

O acesso a este catálogo, por si só, já pode ser interessante para as empresas. Muitas vezes estão incluídos nesse catálogo processos e funções que faziam parte dos planos de desenvolvimento de sistemas da empresa, e que, por alguma razão, ainda não haviam sido implementados. A adoção de um sistema ERP torna-se, então, uma oportunidade para que estes processos sejam realmente incorporados aos sistemas da clínica.

A integração é outra importante característica do ERP. Os sistemas ERP realmente integrados são construídos como um único sistema empresarial que atende aos diversos departamentos da empresa, em oposição a um conjunto de sistemas que atendem isoladamente a cada um deles.

Entre as possibilidades de integração oferecidas por sistemas ERP estão o compartilhamento de informações comuns entre os diversos módulos, de maneira que cada informação seja alimentada no sistema uma única vez, além da verificação cruzada de informações entre diferentes partes do sistema.

Um exemplo é a verificação de notas fiscais de entrada, no recebimento, comparando-as com os dados de pedidos de compra e garantindo o recebimento apenas com preços e quantidades corretos. Só esta tarefa demandava um enorme esforço por parte dos funcionários da clínica.

A figura 5 traduz a necessidade de integração em uma empresa. Um simples pedido de venda envolve a atuação de três diferentes departamentos. Se todos estão ligados em apenas um sistema, como na figura 6, temos certeza da consistência dos dados.

Se cada departamento tiver seu próprio sistema, como na figura 7, é possível que encontremos situações em que dados originários do departamento de marketing divirjam dos oriundos do departamento de vendas.

Outra possibilidade é o fornecimento instantâneo de informações, assim que são alimentadas no sistema, para todos os módulos que delas se utilizam.

Figura 5

TRATAMENTO INTERDEPARTAMENTAL DE UM PEDIDO DE VENDA

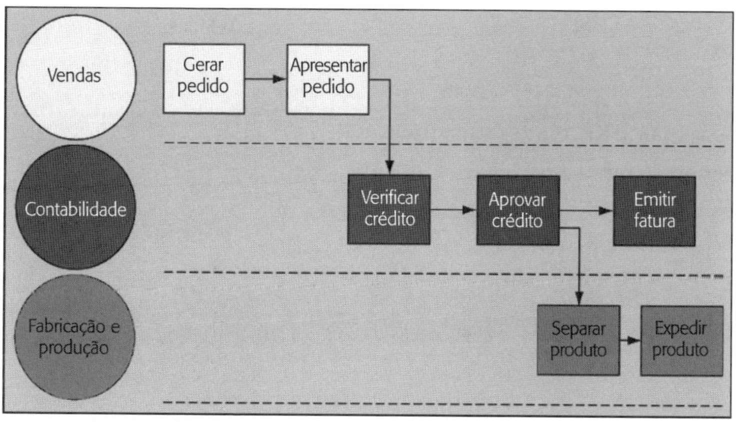

Fonte: Laudon e Laudon (2007).

É importante ressaltar que o fato de um sistema ERP ser integrado não leva necessariamente à construção de uma empresa integrada. O sistema é meramente uma ferramenta para que este objetivo seja atingido. Uma analogia que podemos citar é que a utilização de um editor de texto (por exemplo, Microsoft Word) não faz de um indivíduo um escritor. Entretanto, um escritor pode melhorar muito sua produtividade com a utilização deste tipo de software.

Figura 6

EMPRESA COM SISTEMA INTEGRADO

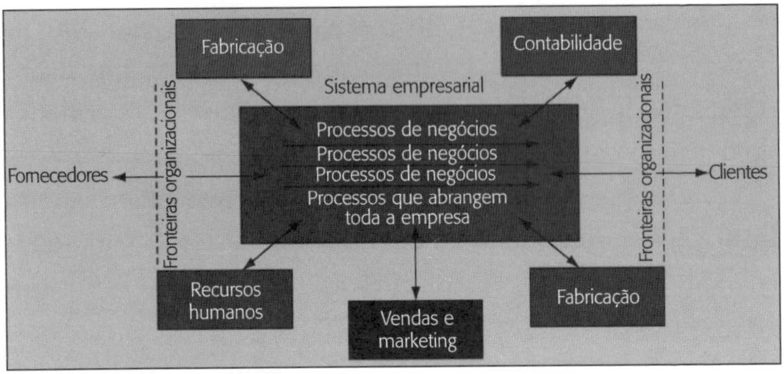

Fonte: Laudon e Laudon (2007).

Entre as diversas formas de se desenvolver sistemas totalmente integrados está a utilização de um único banco de dados centralizado, denominado banco de dados corporativo, utilizado pelo ERP. O que poderia gerar desafios organizacionais significativos para a empresa, devido às dificuldades de implementação, é compensado pelas vantagens que esta solução traz.

A grande abrangência funcional dos sistemas ERP, ou seja, a ampla gama de funções empresariais atendidas, também os diferencia dos pacotes de software tradicionais.

Normalmente, no caso dos demais pacotes, apenas uma função empresarial é atendida, possivelmente com maior profundidade do que por meio da utilização de um sistema ERP. A ideia dos sistemas ERP é cobrir o máximo possível de funcionalidades, atendendo ao maior número possível de atividades dentro da cadeia de valor. Ainda assim, é claro, existem pacotes especialmente desenvolvidos para o atendimento de determinadas funções empresariais que superam os sistemas ERP no atendimento dessas funções.

Figura 7
EMPRESA SEM SISTEMA INTEGRADO

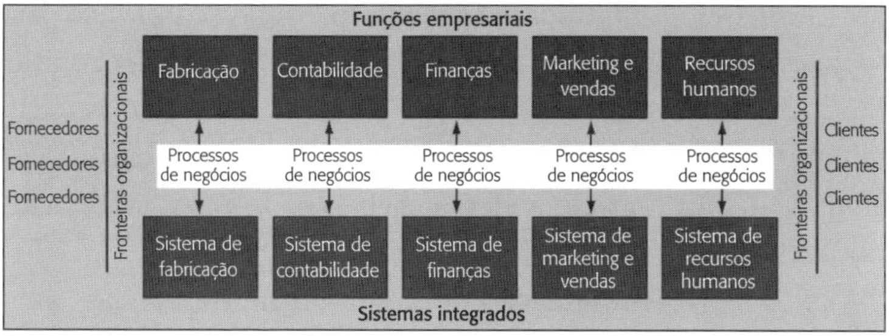

Fonte: Laudon e Laudon (2007).

Depois de tanta pesquisa, o dr. Alfredo decidiu pela aquisição de um software de gestão empresarial.

Customer relationship management (CRM)

Outra necessidade percebida pelo dr. Alfredo foi a de melhoria do atendimento aos seus pacientes. Ele notou que nunca conseguia saber, previamente, se um paciente já havia sido atendido na clínica.

Por incrível que possa parecer, em pleno século XXI, todas estas informações eram guardadas em fichas de papel. Será que não existiria uma forma mais eficaz de gerenciar o relacionamento dos médicos da clínica com seus pacientes?

Dr. Alfredo decidiu assistir a uma palestra sobre o tema CRM. Até esta data, CRM, para ele, significava Conselho Regional de Medicina. Depois da palestra, percebeu que CRM também podia significar *customer relationship management*, ou gerenciamento do relacionamento com clientes.

Na palestra aprendeu que CRM é um processo contínuo e evolutivo de comunicação com nossos clientes e lembrou-se de que este conceito não era novo. Afinal, no passado, quando tinha poucos pacientes, conhecia todos pelo nome, sabia onde viviam, de que tipo de atendimento necessitavam e em que momento.

Ele lembrou-se, ainda, de que este foi o modelo utilizado pela sociedade por centenas de anos, até que a tecnologia nos permitiu produzir bens e serviços em massa, para mercados de massa. De um dia para outro, esquecemos como praticar a gerência do relacionamento. Em vez de vender para clientes de forma individual, passamos a lutar por maior participação no mercado.

CRM é a denominação do conjunto de estratégias, processos e ferramentas oriundos das diversas áreas da empresa, concebidos para viabilizar a utilização das informações a respeito de clientes, transformando-as em ações concretas no sentido de satisfazer e fidelizar clientes, rentabilizando ao máximo as oportunidades de negócios dentro de cada perfil específico. Conceitualmente CRM pode ser entendido como o gerenciamento e a otimização de todas as formas de relacionamento entre a empresa e seus clientes. Ele também é conhecido pelos seguintes nomes: marketing *one-to-one*, gerência do relacionamento corporativo (ERM), marketing em tempo real, gerência do relacionamento contínuo, marketing de relacionamento possibilitado pela tecnologia.

Por meio do CRM é possível:

- a diferenciação dos clientes pelas suas necessidades de nicho e individuais (aumento do aprendizado da empresa);
- a otimização do acesso às informações e ofertas pertinentes às necessidades dos clientes;
- o aumento de qualidade repassado ao cliente, por meio de novos métodos operacionais para atrair e reter clientes.

O CRM permite:

- capturar os dados do cliente ao longo de todo o seu relacionamento com a empresa;

- consolidar todos os dados capturados interna e externamente em um banco de dados central;
- analisar os dados consolidados;
- distribuir os resultados dessa análise aos vários pontos de contato com o cliente;
- usar essa informação ao interagir com o cliente por meio de qualquer ponto de contato deste com a empresa.

A argumentação utilizada com o objetivo de criar-se uma cultura voltada ao cliente é a de que, por meio da análise das interações que o cliente faz com a empresa — através de todos os canais de contato, como os tradicionais sistemas de ERP, registros de *call center*, sistemas de automação de vendas —, será permitido conhecê-lo a ponto de poder chamá-lo pelo nome, saber quais são seus hábitos de consumo, o valor que representam etc. Assim a empresa poderá prestar atendimentos personalizados e oferecer produtos e/ou serviços que mais se encaixem no perfil de cada cliente.

Podemos distinguir um projeto de CRM de acordo com sua abordagem ou tema, que pode ser:

- operacional — visa, principalmente, melhorar o relacionamento direto entre a empresa e o cliente, por meio de canais como a internet ou *call centers*. Tais melhorias são conseguidas agrupando informações antes espalhadas pelos diversos setores da empresa, definindo com maior precisão o perfil do cliente, permitindo que a empresa esteja mais bem preparada na hora de se relacionar com o mesmo;
- analítico — trata da análise das informações obtidas sobre o cliente nas várias esferas da empresa, permitindo descobrir, entre outras informações, o grau de fidelização dos clientes, seus diferentes tipos, preferências e rejeições quanto a produtos e serviços;
- colaborativo — esta abordagem do CRM procura integrar as estruturas e benefícios dos outros dois temas descritos.

Enquanto o CRM operacional está mais focado nos níveis tático e operacional, e o CRM analítico nos níveis estratégico e tático, o CRM colaborativo procura gerar melhorias nos três níveis. A principal característica dessa abordagem está na possibilidade de criar, aumentar e gerenciar a interação com o cliente. Para isso é necessário que a empresa possua um meio adequado para a interação — abordado no CRM operacional — e que possua informações suficientes sobre seus clientes — obtidas através do CRM analítico — de forma centralizada e, é claro, integrada.

Mas, o conceito de CRM se propõe também a promover a redução de custos internos, a aumentar a produtividade dos funcionários e o volume de vendas, ampliando, assim, a lucratividade das empresas.

Além de investimentos nos aspectos tecnológicos, em um projeto de CRM também se discute a importância dos investimentos em treinamento de pessoal, na mudança da cultura interna da empresa e na valorização dos funcionários, esta por meio de incentivos e bonificações. Pode-se estimar que cerca de um terço do impacto total trazido pela implantação de um projeto de CRM está ligado ao lado humano das empresas, ou seja, a tecnologia pode ir longe, mas precisa das pessoas para colocá-la em ação.

A resposta à questão levantada atualmente pelas empresas e fornecedores sobre o porquê de adotar um projeto de CRM já é uma unanimidade: trata-se de uma simples questão de sobrevivência. Principalmente devido à competição, com um mercado onde possivelmente todos poderão prover quase todos os serviços, além da provável entrada de novos competidores e de guerras por tarifas mais baixas, torna-se muito importante a utilização de metodologias que auxiliem na conquista de novos clientes.

Além disso, as ferramentas de CRM prometem ser possível, por meio de um gerenciamento dos pontos de relacionamento com os clientes e de análises comportamentais de usuários, manter os clientes existentes, sem dar motivos para que eles desejem ir para o concorrente. A necessidade de manter e fomentar a clientela mais valiosa é inquestionável, sendo que, sem um sistema que auxilie no processo de conhecimento desses clientes, torna-se muito mais difícil competir. A figura 8 resume o que podemos esperar de um sistema CRM.

Figura 8
VISÃO DE UM CRM

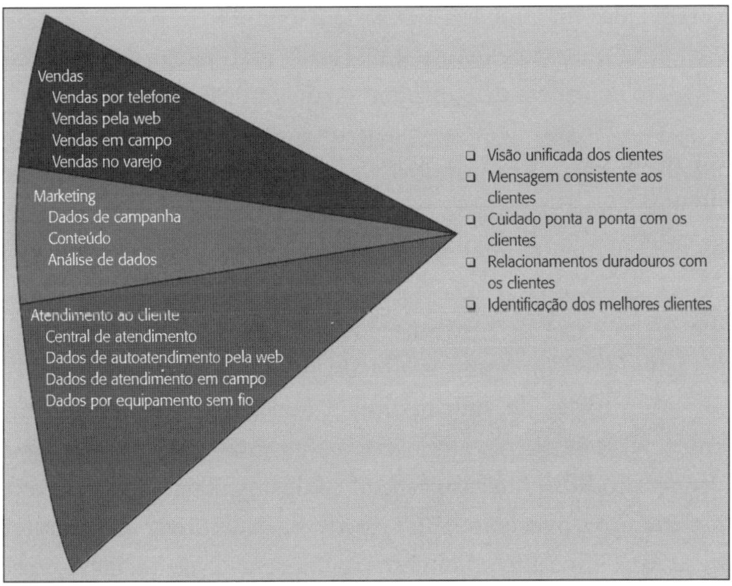

Fonte: Laudon e Laudon (2007).

Finalmente, o dr. Alfredo percebeu que não conseguiria prestar serviços de boa qualidade sem automatizar o processo de gerenciamento de relacionamento com seus pacientes. Assim, decidiu também adquirir um software de CRM. E começou também a estudar as formas de interligar seus sistemas aos grandes sistemas interligados, através de padrões internacionalmente reconhecidos.

Gestão da cadeia de suprimento (SCM)

Outra necessidade percebida pelo dr. Alfredo foi a de melhoria da gestão de cadeia de suprimentos (SCM) da clínica, que engloba desde as compras da empresa até a distribuição de medicamentos para os pacientes.

Os inúmeros controles e processos eram feitos a partir de informações em papel, armazenadas em grandes arquivos e gerenciadas manualmente pelos colaboradores.

Será que não existiria uma forma mais eficaz de gerenciar a gestão de cadeia de suprimentos da clínica?

Dr. Alfredo decidiu visitar uma moderna clínica na Alemanha e descobriu que esses sistemas de gestão atualmente integram uma dezena de processos que antes eram gerenciados manualmente, tal qual na sua clínica, e que, a partir do uso de novas tecnologias, conseguia-se chegar, por exemplo, ao detalhe de localizar os instrumentos utilizados no tratamento do paciente, tais como pinças e bisturis.

As cadeias de suprimentos são as inter-relações de uma empresa com outras empresas, necessárias para se montar e vender produtos; no caso específico de hospitais e clínicas para, por exemplo, o recebimento e distribuição dos diversos produtos necessários ao funcionamento da empresa. O gerenciamento se dá quando se integram os diversos processos nessa cadeia de suprimentos.

Na clínica alemã, dr. Alfredo aprendeu que as tecnologias ajudam muito a gerenciar toda a cadeia de suprimentos, proporcionando maior integridade e velocidade na troca de informações, otimizando as diversas atividades de logística e, claro, objetivando levar o produto certo ao lugar certo pelo menor custo e com maior qualidade do serviço prestado.

O que se espera de tais sistemas é que se tenha acesso à informação, melhorando a previsão das demandas, gerando uma melhor coordenação estratégica entre os membros da cadeia, melhoria na gestão dos estoques e redução do tempo de provisionamento no estoque.

Assim, as perguntas a que tais sistemas respondem são:

- Quais áreas da clínica necessitam de produtos?
- Quais produtos?
- Quando comprar?
- Para quanto tempo?
- O que e quando estocar?
- Onde e quando os produtos deverão ser distribuídos?

Além de responder a essas perguntas, existem outros usos para tais sistemas, como:

- análise do estoque e da flutuação;
- controle da aquisição (recebimento do produto);
- controle e armazenamento dos produtos;
- controle do fluxo de distribuição interna dos produtos;
- inventário.

Enquanto obtinha todas essas informações, dr. Alfredo percebeu que a moderna clínica alemã utilizava diversos aplicativos integrados ao ERP e ao CRM. Muitos deles estão disponíveis em nosso país e vêm sendo utilizados há alguns anos pelo mercado.

Para que se possa distinguir produtos ou qualquer ente (pacientes, médicos, fornecedores etc.) da clínica é necessário que eles sejam identificados, através de nomes ou, pura e simplesmente, de códigos.

Para isso, a clínica pode utilizar o código de barras ou o *radio frequency identification* (RFID), que possuem a função de facilitar a identificação desses produtos e entes.

O código de barras era um velho conhecido do dr. Alfredo, muito utilizado em diversos tipos de empresas e, principalmente, por organizações de saúde. Porém, o RFID era algo novo para ele, modernidade utilizada plenamente na clínica alemã visitada e com inúmeros usos, como, por exemplo, identificação de pacientes, colaboradores (médicos, enfermeiros etc.), controle de medicamentos e de material de instrumentação (bisturis, pinças etc.).

Figura 9
Identificação por RFID

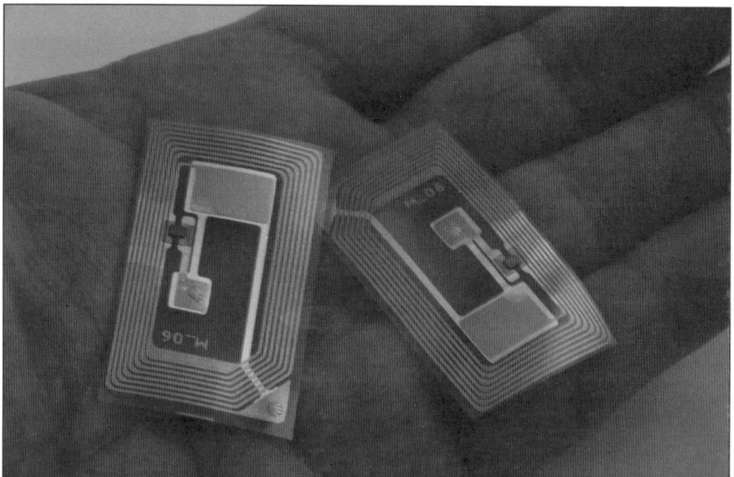

O código de barras não possui informações em seu símbolo; elas são obtidas por meio de um banco de dados que tem o cadastro com as características sobre o produto ou serviço. Assim, um leitor ótico obtém o número do código de barras, que extrai os dados solicitados do produto. Em uma clínica, assim que uma caixa de medicamentos chega do fornecedor, passa-se o leitor ótico sobre o código de barras e obtêm-se, no sistema, as informações sobre o conteúdo da caixa, além de se confirmar o recebimento do produto e a entrada no estoque.

No caso do RFID as informações ficam armazenadas em um chip instalado em sua estrutura (etiqueta). Elas são acessadas ao se aproximar a etiqueta de uma antena de radiofrequência. Dessa forma se dá a leitura das informações que estão no chip. Os leitores respondem aos sinais de rádio enviados por uma base transmissora.

Existem dois tipos de etiquetas RFID: as passivas e as ativas. As primeiras respondem ao sinal que foi enviado pela base transmissora, e a segunda, ativa, possui uma bateria que envia o próprio sinal.

Seja o código de barras ou o RFID, o que eles fazem é identificar algo ou alguém, bem como criar mecanismos de controle — no caso do RFID chegando ao ponto de conseguir rastrear os objetos ou entes.

A identificação e o rastreamento, porém, são apenas dois elementos para que aquelas perguntas sejam respondidas; os outros ficam por conta do gerenciamento dessas informações. Assim, o SCM é melhor utilizado quando está inserido em um ERP, que tem a função, como anteriormente visto, de acesso aos dados de forma integrada e consolidada, criando possibilidades de otimizar processos e gerar relatórios de controle, favorecendo a utilização de ferramentas de planejamento que tornam, por exemplo, a tomada de decisão sobre o controle e análise de compras mais eficaz.

É importante salientar que, apesar de existirem ferramentas de SCM exclusivas, esse sistema normalmente trabalha em conjunto com um ERP, o que permite o compartilhamento de diversas funcionalidades e informações, facilitando o processo de tomada de decisão por todos os departamentos da empresa.

Assim, em uma clínica, quando uma caixa de medicamentos é recebida do fornecedor, ela é primeiramente identificada no sistema por meio da leitura ótica de um código de barras ou de uma etiqueta RFID, gerando uma entrada no estoque. Depois são separadas as unidades do medicamento, que também são identificadas para posterior distribuição aos pacientes. Desse modo, quando há um pedido de um médico para que o paciente receba aquele medicamento, automaticamente, por meio do sistema SCM, a informação é enviada para a farmácia, dizendo que aquela unidade de medicamento terá que ser enviada para aquele determinado paciente, ao mesmo tempo que é inserida a informação da nova quantidade de medicamentos (saldo) no estoque. Dessa forma, tal controle gera informações necessárias para a compra de mais unidades do medicamento, tais como quantidade necessária, sazonalidade de uso de cada medicamento etc.

No caso de o SCM estar inserido em um sistema ERP, todas as informações passam a ser globais. Assim, não só as informações supracitadas serão geradas, mas também o cruzamento de informações dos outros módulos, como, por exemplo, o financeiro, que mostrará quanto medicamento foi utilizado pelo paciente, o custo gerado para a clínica e, até mesmo, o acréscimo na fatura final do cliente.

Por fim, o dr. Alfredo percebeu que não conseguiria controlar e gerenciar seus custos, assim como melhorar a qualidade da prestação de serviços sem a compra de um software de SCM. E começou, também, a estudar as formas de interligar seus sistemas aos grandes sistemas interligados, por meio de padrões internacionalmente reconhecidos. Veremos isso no próximo capítulo.

4

Padrões de informática em saúde

O dr. Alfredo entende a necessidade da interligação dos seus sistemas com os grandes sistemas corporativos e públicos. Começa a estudar como implementar a padronização de arquivos e estruturas de dados.

A necessidade de padrões

Quando dr. Alfredo compra uma lâmpada para sua casa, ou compra um pneu para seu carro, pode optar por várias características, ou melhor, atributos, além da marca ou fabricante dos mesmos. O que lâmpadas e pneus têm em comum? Padrões que garantem que sejam utilizados em diferentes luminárias ou carros em qualquer lugar do mundo. As vantagens da produção em escala induzem os fabricantes a adotar padrões nas medidas da rosca da lâmpada para que se encaixem nos soquetes-padrão. O mesmo acontece com os pneus.

Se vamos comprar uma bebida especial, como o conhaque Louis XIII, de Rémy Martin, ou o uísque Royal Salute 21 anos, da Chivas Regal, sabemos que são produtos para poucos. Ou melhor, consumidos por poucos, pois são caros, muito caros. Suas embalagens e garrafas são únicas. Ser diferente de toda e qualquer outra garrafa faz parte do *glamour* do produto.

Por outro lado, refrigerantes tipo cola, como as arquirrivais Coca-Cola e Pepsi-Cola, têm como alvo bilhões de consumidores e usam envasamento em garrafas PET e latas de alumínio absolutamente idênticas, com diferença apenas no grafismo de seus rótulos. O motivo é simples: o uso de vasilhames padronizados faz o custo despencar. Os lacres das latas de alumínio e as roscas das garrafas PET (figura 10) são itens de alto valor na planilha de custos desses produtos. A produção em alta escala permite a redução do custo para a indústria de bebidas. O diferencial, pela ótica do cliente final, fica por conta do conteúdo.

Figura 10

LACRES PADRONIZADOS DAS LATAS DE ALUMÍNIO E GARRAFAS PET DE REFRIGERANTES

Perguntamos: saúde está mais para um Rémy Martin ou para uma Coca-Cola?

Dr. Alfredo entende que saúde é um bem para todos. Em razão disso, não há dúvida de que teremos que desenvolver e adotar padrões no desenho de sistemas de informações em saúde visando um custo baixo o suficiente para permitir o seu consumo pelas massas, e não apenas por uma meia dúzia de afortunados.

A indústria da saúde tem como um dos seus grandes insumos a informação. A administração da informação é muito custosa, pois consome tempo. Boa parte do tempo de atuação dos profissionais de saúde é dedicada à gestão da informação. Médicos usam cerca de um terço do seu tempo escrevendo, enquanto enfermeiros chegam a usar quase a metade, de acordo com a Organização Pan-americana de Saúde (Opas). Cerca de 20% (12% a 45%, dependendo do estudo) dos custos em saúde são atribuídos ao manuseio da informação.

Em 1973 a área de medicina intensiva contava com apenas uma publicação norte-americana: *Critical Care Medicine*. Em seguida surgiu uma europeia: *Intensive Care Journal*. Eram publicações mensais. Não havia livro-texto. Um especialista era capaz de ler e estudar todos os artigos mensalmente, ou seja, qualquer médico intensivista era plenamente capaz de se manter atualizado em termos de literatura especializada. Hoje a produção de textos científicos em qualquer especialidade é de tal ordem que o que se publica diariamente em qualquer especialidade médica exige mais de um mês de leitura, ao final do qual existiriam mais outros 30 dias de publicações que exigiriam quase três anos de leitura...

É virtualmente impossível um profissional de saúde se manter completamente atualizado hoje em dia. Atualmente é vital saber quem ou qual fonte tem o dado, a informação ou o conhecimento de que precisamos. Aliás, Samuel Johnson, poeta e escritor inglês falecido em 1784, em visita à biblioteca de um poeta colega, Richard Cambridge, e impressionado com o seu acervo, disse que existiam dois tipos de conhecimento: o que temos conosco e aquele que podemos achar em quem sabe. Isto foi em 1775, mas nos parece atualíssimo. Talvez a única contribuição que se possa fazer ao seu pensamento seja que os dois tipos de conhecimento são: o que temos conosco e aquele que podemos recuperar com alguém ou com algo — os sistemas de informações de hoje.

Padrões de representação de dados, informações e conhecimento são críticos para atualização dos profissionais de saúde e para uma boa atenção à saúde dos pacientes. Logo, o dr. Alfredo começou a estudar como poderia fazer para a sua clínica trocar informações com os grandes sistemas nacionais e mundiais.

Interoperabilidade

Quando duas pessoas conversam, elas conseguem comunicar suas ideias porque:

- usam um mesmo protocolo de comunicação ao qual nós, humanos, estamos bastante acostumados: fonação/audição;
- usam o mesmo idioma, com palavras conhecidas que compõem as frases que entendem;
- conseguem traduzir em palavras os conceitos que passam por suas mentes.

Claro que a linguagem corporal é importante, mas não é nosso escopo no momento.

Na área de saúde temos padrões para cada uma das três fases aqui mencionados: a dos protocolos de comunicação (troca), a das palavras (funcional) e a dos conceitos (semântica). Troca, sintaxe e semântica são, portanto, os três níveis de interoperabilidade.

No primeiro nível, o mais básico, a troca, o que temos são padrões que garantem que as mensagens entre sistemas chegarão ao seu destino. Mas apenas isto não garante a comunicação. Alguém que tente falar conosco em aramaico com certeza conseguirá se fazer ser ouvido, mas não entendido.

Uma vez acertado o padrão de troca de mensagens, há necessidade de que as mesmas sejam inteligíveis para o receptor e, para tanto, é essencial uma sintaxe-padrão de mensagens entre sistemas, conseguida por meio do uso de palavras-padrão, como as que formam os idiomas. Mas, mesmo que sejamos capazes de falar aramaico, teremos, ainda, que vencer mais uma barreira: a do correto entendimento dos conceitos veiculados pelas palavras e frases. Se não temos domínio de um determinado assunto, mesmo falando o mesmo idioma estamos numa situação de pouca ou nenhuma compreensão da fala, do texto, da mensagem — algo como ler um texto muito complexo de psicanálise ou filosofia, ainda que em nosso próprio idioma.

A última barreira é vencida quando a informação compartilhada é entendida/processada pelas pessoas (sistemas), pois, formalmente, pré-acordaram os conceitos, a semântica. O uso de vocabulário-padrão no corpo das mensagens entre sistemas é o que garante a sua correta interpretação e uso.

Fica assim fácil entender o que é a interoperabilidade. O Comitê Europeu de Padronização (CEN) conta com um grupo de trabalho — TC 251 — que trata da padronização na área de saúde. O conceito para interoperabilidade do CEN é: "estado que existe entre duas entidades quando, em relação a uma tarefa específica, uma das entidades aceita dados da outra e realiza a tarefa de maneira satisfatória e apropriada sem necessidade de intervenção extra". Ressaltamos: "sem necessidade de intervenção extra".

Poderíamos dizer que interoperabilidade é uma integração em um nível maior. Explicamos: a internet, nos últimos anos, tem tido um papel preponderante na aproximação de sistemas de informações, mas nem por isso os dados e informações de um sistema são prontamente utilizáveis pelos outros; habitualmente há necessidade de uma tradução, conversão, adaptação ou mapeamento para que sejam utilizáveis pelo sistema receptor. Motivo:

os dados, informações e conhecimentos não estão num formato-padrão para que possam ser utilizados prontamente, "sem necessidade de intervenção extra" (tradução, conversão etc.).

Lembramos o fato de que, para que algo seja padronizado na área de saúde, levam-se em média seis anos para que sejam vencidas todas as etapas de identificação, conceituação, discussão, decisão, implementação, consolidação, conformação e certificação final por entidade certificadora internacional oficial.

Padrões de troca

No início da implementação dos padrões de troca foram desenvolvidos formatos para atender, isoladamente, às necessidades individuais de cada empresa. Em pouco tempo, os usuários perceberam as limitações desses padrões proprietários. Novos padrões foram então desenvolvidos para atender às necessidades da ampla comunidade de interesse.

Unified Medical Language System (UMLS)

O mais amplo padrão sintático e semântico exclusivo da área de saúde é o Unified Medical Language System (UMLS), mantido pela National Library of Medicine, um órgão do Ministério da Saúde dos EUA, desde 1986. Trata-se de um mapa de mais de 130 fontes de informação das bases biomédicas de dados, envolvendo mais de 600 instituições. Seu uso facilita recuperação e integração de informações, tentando resolver o problema da variedade de vocabulários usados nas diferentes fontes de informação e por diferentes usuários. Algumas dessas fontes, como o CID, Loinc e Snomed, serão vistas mais à frente.

Sua estrutura é de uma grande rede semântica, com mais de 1,2 milhão de conceitos e mais de 12,5 milhões de relações simbólicas. Podemos dizer que a grande maioria dos conceitos atuais, senão a totalidade, da área de saúde se encontra representada no UMLS. Para tanto, temos 135 tipos semânticos divididos em 15 grupos. São, ao todo, 54 tipos de relações semânticas que formam a denominada rede semântica. Existem versões em 16 idiomas de 45 países que colaboram com o desenvolvimento e manutenção do padrão. Até meados de 2009 não há, ainda, uma versão em português.

O UMLS é dividido em três blocos: um metatesauro, que abrange os conceitos que incluem os vários nomes que possuem o mesmo significado, originários de diferentes fontes de vocabulário e sistemas de codificação; a rede semântica propriamente dita; e um especialista léxico, que nada mais é do que um dicionário de termos biomédicos e palavras comuns, ferramentas e registros léxicos usados em processamento de linguagem natural, apontando como as palavras são reunidas para dar sentido, como é a morfologia (estrutura de forma) das palavras, bem como a ortografia (soletração).

O UMLS é um padrão gratuito, que pode ser acessado no sítio da National Library of Medicine por meio de um navegador semântico em seu servidor de terminologia.

Código Internacional de Doenças (CID)

O Código Internacional de Doenças, um dos códigos mais antigos e conhecidos na área de saúde, é mantido pela Organização Mundial da Saúde (OMS). A primeira versão data de 1893, e era conhecida, na época, como a Lista Internacional de Causas de Morte. A última versão (CID-10), datada de 1989, é a oficialmente adotada pelo Brasil em 2009.

Em função de sua longa tradição, é uma classificação hierárquica com apenas um eixo, com cerca de 15 mil códigos divididos em 18 grupos nosológicos.

O CID é utilizado em conjunto com dois outros padrões mantidos pela OMS: a International Classification of Functioning, Disability and Health (ICF) ou, em português, Classificação Internacional de Funções, Desabilidades e Saúde, e a International Classification of Health Interventions (ICHI) ou Classificação Internacional de Intervenções na Saúde. No Brasil, estes dois padrões não são utilizados. Não temos um padrão brasileiro único de procedimentos, ainda que as tabelas da Associação Médica Brasileira (AMB) e a Classificação Brasileira Hierarquizada de Procedimentos Médicos (CBHPM) sejam muito utilizadas.

A Agência Nacional de Saúde Suplementar (ANS) está desenvolvendo um grande esforço na unificação das diversas tabelas no Brasil, com a criação da Terminologia Unificada da Saúde Suplementar (Tuss), que pode ser consultada em <www.tuss.org.br>. A Confederação Nacional de Saúde está sediando uma iniciativa pioneira no Brasil, com o primeiro servidor de terminologia de saúde, o qual conterá a Tuss, um conjunto de tabelas de referência com códigos e descritivos-padrão, além de procedimentos e serviços de saúde, tudo referendado pela Agência Nacional de Saúde Suplementar (ANS).

A próxima versão do CID, o CID-11, está sendo desenvolvida desde 2006. Ao final de 2008 foi liberada uma versão alfa, sendo prevista para o final de 2009 uma versão beta. Os testes de campo estão programados para 2010, com uma versão final pública para o ano seguinte. A aprovação pela OMS deverá ocorrer em 2012, e a implementação apenas a partir de 2014. A versão em português é esperada para 2015.

O CID-11 é multiaxial, com os seguintes eixos: definições lógicas, etiologia, genômica, localização, lateralidade, histologia, severidade, acuidade, entre outros. Ainda que a estrutura hierárquica atual seja mantida, serão criados arcos semânticos para permitir uma navegação pela nova rede semântica.

Intensas negociações estão ocorrendo no sentido de se aproximar o CID-11 do Snomed (exposto a seguir). Duas abordagens estão em análise: a criação de uma versão "fantasma" do Snomed no CID-11 e vice-versa — um conjunto de ponteiros para facilitar o mapeamento — e a verdadeira fusão dos dois padrões. Até meados de 2009 as apostas eram de que a primeira alternativa é a mais provável, uma vez que a fusão dos dois padrões, ainda que desejável, é um processo custoso e demorado, envolvendo inúmeras instituições.

International Classification for Primary Care (ICPC)

O CID tem uma falha devido à não codificação das atividades de atenção primária. Para supri-la, a Organização Mundial da Saúde, em parceria com a World Organization of National Colleges, Academies and Academic Associations of General Practitioners/Family Physicians (Wonca) ou Organização Mundial dos Médicos de Família, criou o International Classification for Primary Care (ICPC) em 1987 (dois anos antes da liberação do CID-10), sendo a atual versão (ICPC-2) de 1998.

É um sistema biaxial. O primeiro eixo é composto por sete componentes: sintomas e queixas, diagnose e procedimentos de diagnóstico preventivo em massa, tratamento e procedimentos medicamentosos, resultados de exames complementares, administração, diagnósticos e condições nosológicas e outros.

Cada componente é categorizado pelo segundo eixo: são 17 capítulos, que correspondem aos sistemas que estão relacionados. Os principais são: respiratório, circulatório, neurológico, músculo-esquelético, urinário, cutâneo, metabólico, genital, ocular e auditivo.

O ICPC é um grande avanço em relação ao CID-10, pois foge da estrutura anatômica e etiológica clássica, inaugurando uma estrutura biaxial, antecipando os múltiplos eixos do

CID-11. O cruzamento dos componentes com os capítulos traz facilidade na geração de relatórios de caracterização (incidência e prevalência) nosológica da clientela.

Systematized Nomenclature of Medicine Clinical Terms (Snomed CT)

O Systematized Nomenclature of Medicine Clinical Terms (Snomed CT) é um padrão criado pelo Colégio Americano de Patologistas a partir da fusão do Reference Terminology (Snomed RT) com a nomenclatura do Ministério da Saúde britânico, Read Codes (versão 3). Inicialmente era administrado pela Snomed International, uma empresa com fins lucrativos. Em 2007 os direitos autorais do Snomed foram cedidos a uma organização sem fins lucrativos chamada International Health Terminology Standards Development Organizations (IHTSDO). Seu site pode ser acessado pelo endereço <www.ihtsdo.org>.

Atualmente mais de 50 países usam o Snomed, e o Brasil, neste ano de 2009, está negociando o direito de uso por meio da ANS. Muitos outros padrões adotaram o Snomed, tais como o ASC X12, o Dicom e o HL7, que serão comentados mais à frente. A negociação abrirá a possibilidade de se traduzir o Snomed para o português. Em 2008 foi lançada a versão atualizada em espanhol, a qual facilitará muito a versão para o português.

Similarmente ao UMLS, o Snomed é uma rede semântica com mais de 350 mil conceitos definidos, em mais de 1,4 milhão de relações semânticas na versão publicada no início de 2009, algo como um terço do tamanho da rede do UMLS. Sua grande vantagem é ser multiaxial, sendo o eixo mais extenso o de diagnósticos, com mais de 41 mil termos, ou seja, quase três vezes maior que o CID-10. São 18 eixos ao todo, que permitem montar conceitos complexos e extensos, como, por exemplo, se uma condição nosológica é à direita ou à esquerda, já que conta com um eixo de topografia, algo impossível no CID-10. Além de diagnósticos e topografia, o Snomed apresenta eixos de morfologia, função, ocupação, procedimentos, contexto social e modificadores, entre outros.

O Snomed é facilmente mapeável para o Loinc, CID-10, NIC, Nanda e NOC (os três últimos são padrões de representação na área de enfermagem que veremos posteriormente). Isto porque, na construção, esses outros sistemas de codificação são nativos na sua estrutura. O Snomed foi usado como uma das fontes na construção do UMLS, o que garante seu mapeamento completo para este último.

Logical Observation Identifiers, Names and Codes (Loinc)

O padrão Logical Observation Identifiers, Names and Codes (Loinc), de domínio público, é produzido e mantido por uma organização não governamental norte-americana, o Regenstrief Institute. Pode ser acessado diretamente pelo endereço <www.loinc.org>.

Trata-se de um banco de dados contendo uma coleção de termos e códigos para identificação de resultados de exames laboratoriais e observações clínicas. Tem uma terminologia clínica importante para exames laboratoriais (tanto solicitações quanto resultados). Foi padronizado pelo Ministério da Saúde norte-americano em consonância com o Health Insurance Portability and Accountability Act (Hipaa), lei dos EUA promulgada em 1996 que trata de privacidade, segurança, portabilidade e continuidade da cobertura dos seguros de saúde. Adotou o padrão HL7, que será comentado posteriormente.

O Loinc incorpora o Euclides, padrão similar europeu. Já foi traduzido para vários idiomas, como chinês, alemão, espanhol e até mesmo estoniano, sendo que existe, em português, um subconjunto de seus códigos, utilizado por entidades públicas

(Secretaria Municipal de Saúde de São Paulo) e privadas (Diagnósticos da América S.A.), por exemplo.

A ANS, em meados de 2009, criou uma central de terminologia, para a qual uma das primeiras atividades programadas foi a tradução do Loinc para o português.

O Loinc é multiaxial, contendo seis eixos, a saber:

- componente — potássio, hemoglobina etc.;
- propriedade/medida — concentração de massa, atividade enzimática etc.;
- cronologia — se a observação é média de um período ou se é uma medida isolada;
- sistema — tipo da amostra coletada ou órgão examinado (urina, plasma, tórax etc.);
- escala — se a medida é quantitativa, ordinal, nominal ou narrativa;
- método — qual método foi usado para produzir a observação.

Abrange as seguintes áreas, entre outras: bioquímica, hematologia, toxicologia, bacteriologia, virologia, sorologia, imunologia, genética molecular, coagulação, citologia, sinais vitais, exames de imagem, métodos gráficos, história clínica, exame físico e apoio administrativo. Apresenta um aplicativo gratuito de mapeamento chamado Regenstrief Loinc Mapping Assistant (Relma) para facilitar pesquisas na sua base de dados e a conversão de outros códigos para o Loinc.

Este padrão, do mesmo modo que a ferramenta Relma, pode ser baixado gratuitamente no site <www.loinc.org>.

Digital Imaging and Communications in Medicine (Dicom)

O padrão Digital Imaging and Communications in Medicine (Dicom) ou, em português, Comunicação e Imagens Digitais em Medicina foi criado sob encomenda pela National Electrical

Manufacturers Association (Nema), ou Associação Nacional dos Fabricantes Elétricos, para auxiliar na distribuição e visualização de imagens médicas digitais, tais como aquelas geradas por equipamentos de tomografia computadorizada, ressonância magnética nuclear e ultrassonografia. A comunidade de usuários de imagens médicas, como o American College of Radiology, o American College of Cardiology e a European Society of Cardiology, igualmente foi decisiva para o desenvolvimento deste padrão.

O formato atual, versão 3.0, evoluiu a partir das versões anteriores, como a 1.0, que data de 1985, e a 2.0, de 1988. Em função de sua adaptabilidade este padrão hoje também é utilizado para registro de imagens nas áreas de patologia, endoscopia e odontologia.

O padrão Dicom adotou a abordagem de orientação para objetos como sua filosofia de *design*. Todas as "coisas" que referencia, tal como imagens, laudos e pacientes, são "objetos de informação". Esses objetos têm atributos na sua caracterização, sendo alguns obrigatórios (mandatórios) e outros opcionais.

O formato do arquivo deste padrão contém um cabeçalho, que armazena dados como a identificação do paciente, data do registro, tipo de exame e dimensões da imagem, além (e principalmente) da imagem propriamente dita em até três dimensões. A grande vantagem do Dicom em relação aos outros formatos de registro de imagem é que esta pode ser comprimida e encapsulada no próprio registro, com importante redução do tamanho final do arquivo. O tipo de compressão pode variar, incluindo protocolos com ou sem perda de dados, à semelhança de alguns outros sistemas de imagem, como jpeg e tiff, respectivamente.

Dr. Alfredo, ao analisar os equipamentos de imagem médica disponíveis no mercado, observou que praticamente todos eles oferecem a funcionalidade de exportação das imagens geradas neste formato.

Talvez a única situação na qual não se utiliza o Dicom em larga escala seja a estereotaxia, quando estas imagens devem ser convertidas para o formato *analyze*. Isto não chega a ser um problema, uma vez que conversores Dicom-*analyze* são amplamente disponíveis como *freeware* de ótima qualidade.

A adoção deste padrão pelos grandes fabricantes contribuiu para a explosão do uso de imagens médicas diagnósticas no dia a dia das instituições de saúde. A ampla disponibilidade de internet de banda larga e a possibilidade de compressão das imagens Dicom permitiram o crescimento da telerradiologia, na qual as imagens geradas em uma instituição são analisadas e laudadas a distância, até mesmo em outros países. Várias empresas oferecem estações de manipulação de imagens que complementam as funcionalidades oferecidas pelos equipamentos que as geram, garantindo total compatibilidade através da padronização Dicom.

A telerradiologia reforçou a necessidade de se garantir que a terminologia utilizada na emissão dos laudos seja inequivocamente interpretada em qualquer lugar do mundo. Uma diferença de entendimento do que é "medial" ou "lateral," por exemplo, pode levar a decisões cirúrgicas catastróficas, se levado em conta apenas o laudo radiológico. O College of American Pathologists está, há alguns anos, trabalhando com o Snomed, padronizando um vocabulário controlado para estruturas anatômicas e condições patológicas com ênfase em imagens médicas, vocabulário esse conhecido como microglossário Snomed-Dicom.

Os padrões Dicom e HL7 (a ser visto no capítulo 5) permitem a incorporação das imagens médicas Dicom em documentos clínicos CDA (*clinical documents architecture* ou arquitetura de documentos clínicos), facilitando a prática clínica.

North American Nursing Diagnosis Association (Nanda)

A organização North American Nursing Diagnosis Association (Nanda) foi pioneira na padronização na área de enfermagem. Os profissionais de enfermagem, entre todos os que atuam em saúde, são os que mais sofrem com o volume de dados e informações vindos dos pacientes, pelo simples fato de que atuam muito próximos a eles. Esta pressão historicamente se refletiu no pioneirismo dos padrões em enfermagem, sendo o Nanda o mais antigo padrão.

O propósito inicial da Nanda era implementar um sistema de codificação em enfermagem, aliás, como o próprio nome da associação sugere. Contudo, outras dimensões do cuidado de enfermagem foram incorporadas, como a social, a psicológica e até a espiritual. A lógica por trás do Nanda é que, quanto melhor o registro do cuidado baseado em uma terminologia robusta, tanto melhor o processo de decisão diagnóstica.

O padrão Nanda nasceu em 1973, tornando-se internacional (Nanda-I) em 2002. Ele écomposto por seis eixos, com uma taxonomia que engloba mais de 160 diagnósticos categorizados em nove blocos. Os diagnósticos são também agrupados em 46 classes e 13 domínios.

Os eixos são:

- conceito diagnóstico propriamente dito;
- tempo — agudo a crônico, curto período e longo período;
- unidade de cuidado — indivíduo, família, comunidade, grupo específico;
- idade — do feto ao idoso;
- probabilidade — atual, risco para, oportunidade/potencial para, crescimento/melhora (depende do relatório final);

- descritor — diminuído, aumentado, excesso, déficit, habilidade, inabilidade, intermitente, contínuo, disfuncional, funcional, perda, ganho, desequilíbrio, privação e atraso.

Os nove blocos são:

- troca — inclui tanto a troca de material quanto as trocas afetivas;
- comunicação — além de conversar, inclui o ato de transmitir pensamentos, sensações ou informações (verbais ou não);
- relacionamento — estabelecimento de relação ou vínculo com o paciente e com seus familiares;
- valorização — preocupação com o doente e com tudo aquilo que lhe importa e angustia;
- escolha — determinação do curso de tratamento que mais agrada ao doente;
- mudanças — mudança da posição do corpo ou de qualquer membro do corpo na reabilitação dos movimentos e em todo o quadro de ansiedade que circunda estas situações;
- percepção — reconhecimento das mínimas alterações que possam modificar a qualidade de vida do paciente;
- conhecimento — experiências pessoais do paciente e dos fatos e princípios que a ele importam;
- sensações — compreensão das experiências conscientes ou não dos pacientes e suas aflições em relação a coisas e pessoas.

Os 13 domínios são: promoção da saúde, nutrição, eliminação, atividade/repouso, percepção/cognição e autopercepção, relacionamento/papel, sexualidade, enfrentamento e tolerância ao estresse, princípios de vida, segurança/proteção, conforto, crescimento/desenvolvimento e miscelânea.

Como é o mais antigo dos padrões de enfermagem, padrões mais recentes, como o UMLS e o Snomed, incorporaram o Nanda, de tal sorte que o mapeamento é pleno. Existem traduções para inúmeros idiomas, inclusive o português, sendo utilizado em praticamente todo o mundo.

Nursing Intervention Classification (NIC) e Nursing Outcome Classification (NOC)

A Faculdade de Enfermagem da Universidade de Iowa desenvolveu dois padrões: uma classificação para intervenção da enfermagem e outra para o resultado e evolução do paciente sob o ponto de vista da enfermagem. São o Nursing Intervention Classification (NIC) e o Nursing Outcome Classification (NOC).

O NIC conta mais de 500 intervenções codificadas, refletindo tanto a prática quanto a pesquisa clínica. Sua estrutura é simples e prima por uma linguagem clara. São sete domínios: fisiológico, psicológico, comportamental, segurança, família, sistema de saúde e comunidade. Cada um dos sete domínios é dividido em classes (30 ao todo).

Para o seu desenvolvimento, atenção especial foi dedicada à análise de similaridade, ao julgamento clínico, à hierarquia e à revisão por especialistas. Talvez sua maior vantagem em relação ao Nanda seja a independência em relação às teorias de enfermagem, motivo pelo qual é largamente utilizado. A versão em português está disponível.

Como é um padrão mais recente que o Nanda, é compatível com o HL7, característica esta que facilitou sua aprovação pela Joint Commission on Accreditation for Health Care Organization's (JCAHO), importante instituição na área de acreditação hospitalar, presente no Brasil.

O NOC, que padroniza a descrição de resultados das intervenções de enfermagem, codifica mais de 330 resultados, sendo a maioria individuais (311), alguns familiares (10) e outros comunitários (nove).

Sua taxonomia é semelhante à utilizada no NIC, sendo igualmente desenhado segundo uma análise qualitativa de similaridade. Na sua construção temos o julgamento clínico, os agrupamento de nomes e hierárquico e a revisão por especialistas. É independente das teorias de enfermagem e conta com sete domínios: saúde funcional, saúde psicológica, saúde fisiológica, conhecimento e comportamento na saúde, saúde percebida, saúde familiar e saúde comunitária. Cada domínio inclui um conjunto de classes, que totalizam 29.

Também é compatível com HL7, sendo facilmente mapeável para o Snomed e para o Nanda. Amplamente utilizado, conta com versões para o holandês, japonês, coreano, francês, espanhol, alemão e português, entre outros idiomas.

Classificação Internacional para a Prática de Enfermagem (Cipe)

A Cipe, o mais recente dos padrões de enfermagem, tem uma longa história desde 1989, quando da tentativa da Nanda para incluir uma lista de diagnóstico de enfermagem no CID-10. Na época a classificação foi aprovada, endossada e encaminhada para análise de outros países-membros. Finalmente a Organização Mundial da Saúde (OMS) e o Conselho Internacional de Enfermagem (CIE) firmaram um acordo internacional de desenvolvimento de um padrão mundial que abrangesse todo o espectro da atuação da enfermagem, de tal sorte que substituísse os diversos padrões existentes nesta área.

Este desafio foi aceito pelo CIE, que estabeleceu os seguintes objetivos:

- desenvolver uma linguagem comum sobre a prática de enfermagem;
- descrever o cuidado de enfermagem;
- permitir comparação dos dados de enfermagem — clínicas, populações, locais, áreas e épocas distintas;
- projetar e demonstrar tendências.

O CIE desenhou uma estratégia para criar um sistema de codificação que incluísse:

- fenômenos de enfermagem;
- problemas, necessidades e diagnósticos;
- ações de enfermagem;
- resultados das ações de enfermagem.

O resultado foi a International Classification for Nursing Practice (ICNP) que, no Brasil, é denominada Classificação Internacional para a Prática de Enfermagem (Cipe). É uma codificação gratuita, já com algumas implementações em nosso meio. Sem dúvida, a longo prazo a Cipe irá, em função de sua abrangência, substituir os outros sistemas de codificação de enfermagem.

Sua estrutura é multiaxial e hierárquica, com sete eixos, a saber:

- tipo de ação — ato desempenhado por uma ação de enfermagem (atendimento, determinação, informação, gerenciamento etc.);
- cliente — pessoa ou grupo para quem a ação de enfermagem é executada;
- foco/alvo — entidade ou ente afetado ou que confere conteúdo à ação de enfermagem (sinal, sintoma, processo corpóreo, complicação, efeito colateral etc.);
- julgamento — complexidade, extensão, positivo ou negativo, estado de dependência, potencialidade, tamanho etc.;
- localização — orientação da localização anatômica ou espacial da ação de enfermagem;
- meio — através de que a ação de enfermagem é executada (dispositivo, técnica, material);
- tempo — orientação temporal do momento em que será realizada a ação de enfermagem (duração, frequência, início, tempo de intervalo, sequência.

A crítica que se pode fazer à Cipe (versão 1) é a falta de codificação para atenção primária e prática de enfermagem em serviços comumitários de saúde, o que é relevante no Brasil devido à importância do Programa de Saúde da Família (PSF) do Sistema Único de Saúde (SUS). A próxima versão contará com os códigos correspondentes, que serão complementares ao ICPC-2, e deverá ser lançada em meados de 2009.

O padrão ICNP pode ser acessado gratuitamente no site do Conselho Internacional de Enfermagem, disponível no endereço <www.icn.ch>.

Em meados de 2009, a versão 2 do ICNP foi liberada.

A figura 11 apresenta a reprodução do navegador do ICNP (versão 1.1), em inglês.

Figura 11
NAVEGADOR DA VERSÃO 1.1 DO ICNP

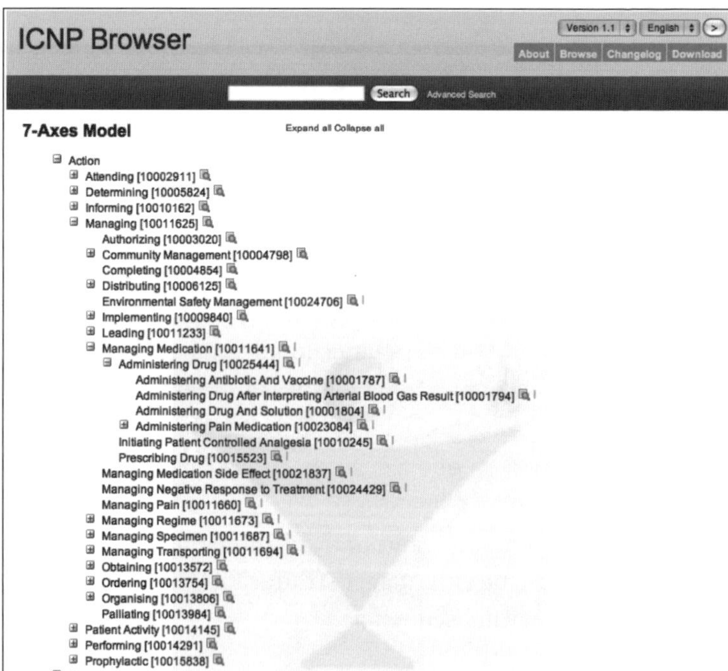

Fonte: Conselho Internacional de Enfermagem.

O eixo "ação" explodido mostra a atividade "administração", subatividade "administração de droga" e o procedimento "administração de antibiótico e vacina" com o código [10001787].

Na figura 12, vemos como uma ficha de um conceito é catalogada, e a forma como suas correlações na rede semântica são registradas, como os nodos pai e filhos, e suas características semânticas, como o eixo ao qual a ficha pertence, além de nome, código, descritivo, status e versão.

Figura 12
FICHA DE ATIVIDADE DA VERSÃO 1.1 DO ICNP

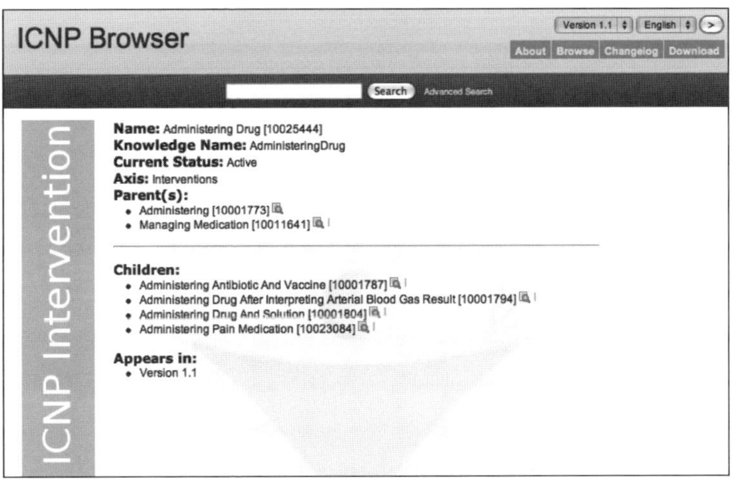

Fonte: Conselho Internacional de Enfermagem.

Fica claro que muitos padrões disputam entre si a hegemonia de codificação, em especial os sistemas pioneiros. Contudo, o custo dessas iniciativas vem crescendo de tal modo que a política de harmonização entre diferentes sistemas de codificação é decisiva na redução do retrabalho, melhoria da qualidade da representação dos códigos e estímulo à interoperabilidade básica, funcional e semântica.

Após esta criteriosa análise, o dr. Alfredo conseguiu definir um conjunto de padrões necessários para interligar todos os sistemas de sua clínica. Veremos no próximo capítulo.

5

Arquitetura e modelos de informação em informática em saúde

Dr. Alfredo tem estudado se vale a pena desenvolver ou adquirir um sistema de informações clínicas. Desenvolvendo ou adquirindo, alguns pontos merecem atenção dos desenvolvedores e usuários finais.

Desenvolvimentos iniciais

Há mais de duas décadas, muito se vem discutindo sobre a qualidade e as funcionalidades mínimas dos sistemas de informação na área de saúde. O Conselho Federal de Medicina (CFM) patrocinou, nos últimos anos, o desenvolvimento de um conjunto de normas relativas aos sistemas de registro eletrônico em saúde, tendo publicado o Manual de Certificação para Sistemas de Registro Eletrônico em Saúde, com o objetivo de lançar um programa de certificação baseado em auditorias nos sistemas em uso no Brasil.

A maior contribuição do CFM foi sinalizar para o mercado a importância da arquitetura e do modelo de informações a ser adotado como base para o desenvolvimento do sistema propriamente dito.

Duas iniciativas, o HL7 e os arquétipos, que serão discutidas a seguir, colocam ao alcance dos desenvolvedores e usuários uma forma de atender aos requisitos apontados pelo Manual do CFM, especialmente em relação à definição do modelo de referência de informação.

Health Level 7 (HL7)

A Open Systems Interconnection (OSI) criou um modelo de referência chamado Open Systems Interconnection Reference Model, que prevê sete camadas, num esforço iniciado em 1982 para padronizar a formação de redes de computadores. A camada externa ou o nível mais alto, o da aplicação propriamente dita, acima das camadas de apresentação, sessão, transporte, rede, protocolos e física — na área de saúde — acabou inspirando o nome do padrão de mensageria mais importante: o Health Level 7, ou simplesmente HL7, criado pelo instituto Health Level Seven, uma grande organização não governamental presente em vários países em todo o mundo, inclusive no Brasil — o HL7 Brasil <www.hl7brazil.org>.

A imagem de uma cebola bem explica as camadas do modelo de referência da OSI, como mostrado na figura 13.

As versões mais antigas do HL7, como a v2.x, se dedicavam, prioritariamente, a implementar o componente de comunicação (mensageria) por meio de um envelope que garantia que a mensagem chegasse ao sistema destinatário. Contudo, não havia preocupação com o conteúdo da mensagem em si, tornando-o, por vezes, ininteligível no destino, o que motivou o desenvolvimento de uma nova versão, a v3.

Figura 13

SETE NÍVEIS DO MODELO DE REFERÊNCIA DA OSI

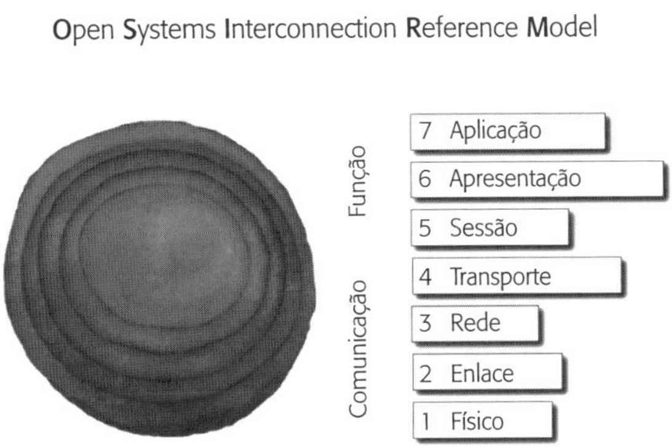

Fonte: Turban et al. (2007).

O quadro 3 apresenta as principais diferenças entre as versões 2 e 3. Veja.

Quadro 3

HL7 — DIFERENÇAS PRINCIPAIS ENTRE AS VERSÕES 2 E 3

v2.x	v3
Sintaxe Comunicações	Semântica Uso pelo destinatário
Livre Implícita	Formal Explícita
Sem modelos Sem vocabulários	Modelos conceituais Vocabulário padronizado
XML opcional	XML Schema obrigatório

Fonte: Instituto HL7.

A mensagem da versão 2 conta com 10 tipos de segmentos, indo desde segmentos de identificação da mensagem (MSH), até segmentos com o conteúdo da mensagem propriamente dita (OBX). Como não há modelo de informação nesta versão, nos segmentos OBX o conteúdo da mensagem usa outros padrões de codificação, como o Loinc e o Snomed. Veja o exemplo a seguir

```
OBX|1|CE|883-9^Grupo AB0^LN||F-D1250^Grupo 0^SMI|
```

onde LN significa Loinc, indicando que 883-9 seja decodificado em Grupo AB0 se usarmos a versão em português do Loinc. SMI significa Snomed International, indicando que F-D1250 seja decodificado como Grupo 0 se usarmos uma versão em português do Snomed.

A versão 2 aceita 15 tipos de dados, permitindo o envelopamento de qualquer dado que seja lógico: texto (formatado ou não), números, data, hora, quantidades, unidades ou qualquer outro dado desejado pelo usuário. Se entendemos que este último é uma vantagem, convém lembrar que, quanto maior for a liberdade, tanto maior será a chance de formatos únicos não serem reconhecidos pelos sistemas destinatários.

Na versão 3, como passaram a ser adotados modelos de informação, os segmentos deixaram de ser as entidades de informação como na versão 2, na qual os eventos indicam comportamentos. Os comportamentos, na versão 3, são igualmente baseados em um modelo de referência de informação que apresenta os seguintes quatro eixos básicos:

- entidade — coisas físicas, pessoas, organizações, lugares etc.;
- papel — papéis desempenhados pelas entidades na atenção à saúde, como paciente, médico, colaborador etc.;
- participação — as entidades, em seus papéis, participam como autoras ou sujeito dos atos;

- ato — eventos de participação, como encontros, observações, procedimentos, medicações.

Na figura 14, o paciente (papel) José Silva (entidade) é submetido a uma prostatectomia (ato), por conta de alguma alteração (ato/relação) numa ultrassonografia prostática (ato) pelo cirurgião (participação) dr. João (entidade), no hospital XPTO (entidade).

Figura 14

HL7 — PRINCIPAIS EIXOS DA VERSÃO 3

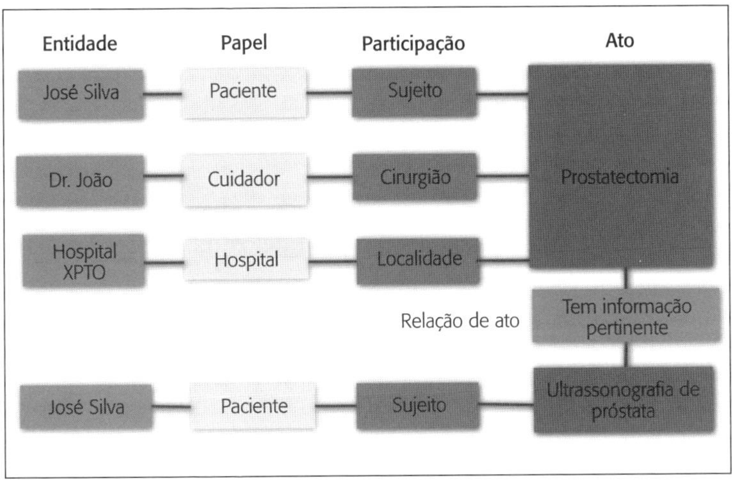

Os quatro eixos contêm 114 classes que, por sua vez, têm 536 atributos para extensa caracterização de cada um dos objetos. Como usa orientação para objetos, apresenta 159 tipos de relações entre objetos, com 27 relações de herança e duas de agregação. As áreas de assunto são, ao todo, 37, incluindo:

- atores — paciente, pessoa, provedor, organização etc.;
- financeiro — conta do paciente, plano do seguro saúde, contrato etc.;

- encontros — farmácia, agendamento, local do serviço, ordem de serviço, dados clínicos etc.;
- tabelas-mestras — procedimentos, serviços, observações etc.

As mensagens da versão 3 são mais bem-estruturadas que as da versão 2. Podem ser divididas em grupos, e estes em subgrupos. Cada grupo é composto, hierarquicamente, por segmentos, campos, componentes e subcomponentes.

Além do modelo principal — o *reference information model* (RIM) ou modelo de referência de informação —, a versão 3 conta com os seguintes outros modelos:

- modelo de uso de caso;
- modelo de informação;
- modelo de interação;
- modelo de mensagem;
- especificação de mensagens.

As relações entre os diversos modelos da versão 3 se encontram representadas na figura 15.

Todos eles garantem a interoperabilidade sintática e semântica, que não era possível na versão 2.x. Tal garantia tem um preço: as mensagens ficaram extensas e pesadas. Enquanto na versão 2.x cerca de 90% da mensagem eram dados da mensagem propriamente dita, na versão 3 menos que 5% são dados da mensagem, sendo 95% dedicados à caracterização do modelo de informação de referência que, formal e explicitamente, indica a estrutura de dados. Na versão 2 não havia uso de modelos e nem de vocabulários, enquanto na versão 3, além dos modelos conceituais, o uso de vocabulários padronizados é mandatório.

Em relação ao uso de XML, na versão 2 o uso era opcional, enquanto na versão 3 ele é obrigatório, sendo o XML Schema o adotado.

Figura 15

HL7 — Relações entre os modelos da versão 3

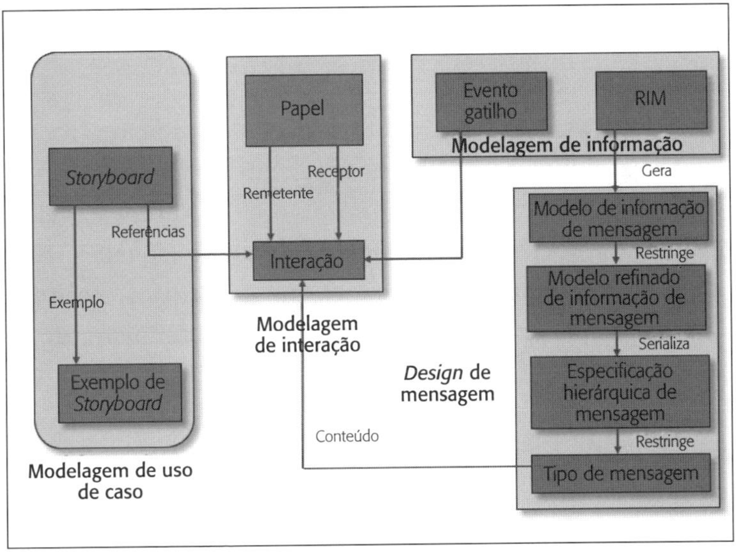

Fonte: Instituto HL7.

O HL7 mantém estreita colaboração com várias outras entidades padronizadoras na área de saúde para garantir a interoperabilidade, como Accredited Standards Committee X12 (ASC-X12), American Dental Association (ADA), American Society for Testing Materials (ASTM-CCD), CEN/TC 251, Clinical Data Interchange Standards Consortium (Cdisc), College of American Pathologists, Digital Imaging and Communication in Medicine (Dicom), eHealth Initiative (eHI), Institute for Electrical and Electronic Engineers (Ieee), Integrating the Healthcare Enterprise (IHE), National Council for Prescription Drug Program (NCPDP), Object Management Group (OMG) e Snomed CT — IHTSDO.

Tal esforço permitiu ao HL7 usar a versão 3 para criar uma arquitetura-padrão de documentos clínicos, a chamada *clinical documents architecture* (CDA), com vistas à padronização de documentos clínicos para troca de dados e informações. Isto porque as mensagens fazem menção a documentos (objetos) que existem fora das mensagens, como texto, imagens, sons e outros conteúdos.

Na CDA, a ênfase é no formato do documento, no seu conteúdo clínico e na codificação inequívoca desse conteúdo, como, por exemplo, na padronização da estrutura e semântica de um documento de sumário de alta hospitalar, laudo de um procedimento diagnóstico ou terapêutico, evolução clínica, relato de uma reação adversa ou administração de medicamento.

Talvez a maior vantagem de um documento HL7-CDA seja poder existir como parte de uma mensagem HL7 e também existir fora dela, como um documento autônomo, mas com total aderência ao padrão CDA versão 2, a qual foi lançada em 2005 e aprovada pelo American National Standards Institute (Ansi). Tais documentos são codificados em XML e obedecem ao RIM do HL7 v3. Além disso, oferecem a possibilidade de incorporação de um documento não XML com cabeçalho CDA, como também a de criação de um documento CDA sendo o cabeçalho CDA padrão, mas com sessões apenas de conteúdo narrativo, com o objetivo de facilitar sua adoção e garantindo um mínimo de interoperabilidade básica e sintática. Contudo, num país como o Brasil, em que quase dois quintos dos municípios não contam com informatização nas suas unidades de saúde, a obrigatoriedade do uso de um computador tem estimulado que as autoridades sanitárias, como as da ANS, estudem a adoção de padrões mais simples, como o ASTM-CCR, comentado mais adiante.

A seguir um exemplo de uma simples anotação da temperatura axilar de um paciente:

```xml
<section>
<code code="8716-3" codeSystem="2.16.840.1.113883.6.1"
codeSystemName="LOINC"/>
<title>Sinais Vitais</title>
<text>Temperatura é de 36,9 C</text>
<entry>
<observation classCode="OBS" moodCode="EVN">
<code code="386725007" codeSystem="2.16.840.1.113883.6.96"
codeSystemName="SNOMED CT" displayName="Temperatura cor-
pórea"/>
<statusCode code="realizado"/>
<effectiveTime value="200904071430"/>
<value xsi:type="PQ" value="36.9" unit="Celsius"/>
</observation>
</entry>
</section>
```

American Society for Testing and Materials (ASTM)

A American Society for Testing and Materials (ASTM) é uma das maiores e mais antigas (foi criada em 1898) organizações geradoras de padrões no mundo, tendo se dedicado também à área de saúde desde 1970, por meio do Comitê em Informática em Saúde E31. Atua em mais de 130 países, com cerca de 30 mil membros voluntários. Na área de saúde, tem-se dedicado à produção de padrões relativos à arquitetura, conteúdo, armazenamento, segurança, confidencialidade, funcionalidade e comunicação da informação usada na atenção à saúde e nos processos de decisão a ela relacionados. As interações com o HL7 são muitas, por serem duas entidades com propósitos semelhantes.

Listamos alguns dos seus padrões mais significativos na área de saúde:

- E1029 — guia de padrões para documentação de sistemas laboratoriais clínicos;

- E1239 — guia de padrões para descrição de registro de admissão, transferência e alta do paciente;
- E1384 — guia de padrões para descrição de conteúdo e estrutura de um registro automático de saúde do paciente;
- E1762 — guia para autenticação eletrônica de informação do cuidado em saúde;
- E1381 — protocolo de transferência de mensagens entre instrumentos de laboratório e sistemas de informação;
- E1394 — especificações para a transferência de informações entre instrumentos clínicos e sistemas de informação;
- E792 — guia de padrões para automação em laboratório clínico.

Mas talvez o mais interessante dos padrões desenvolvidos pela ASTM seja o *continuity of care record* (CCR) ou registro de continuidade de cuidado. Desenvolvido para facilitar o envio de dados e informações entre diversos cuidadores de um mesmo paciente, o CCR tem seis sessões: cabeçalho, identificação do paciente, dados do plano de saúde do paciente, dados sobre a doença (diagnósticos, problemas, condições, reações adversas, alertas, medicações em uso, imunizações, sinais vitais, resultados laboratoriais, resultados de procedimentos e avaliações), documentação do cuidado e recomendações sobre cuidados futuros.

O CCR é passível de ser impresso em papel, o que o torna extremamente útil em países em desenvolvimento, como o Brasil, onde o nível de informatização das unidades de saúde é muito variável. A ANS está estudando sua adoção como padrão para resumo de informação sobre cuidados médicos na Tiss (Troca de Informação em Saúde Suplementar).

A adoção do CCR pela Massachusetts Medical Society (MMS), pela Health Information Management and Systems

Society (Himss), pela American Academy of Family Physicians (AAFP), American Medical Association (AMA), e pela American Academy of Pediatrics (AAP), entre outras — em adição a vários desenvolvedores de sistemas de informação em saúde —, fez com que fosse adotado como padrão em muitos países.

O HL7 mantém parceria com o ASTM, de sorte que CCR e CDA convirjam para um mesmo padrão até 2015, num esforço de harmonização de padrões com o mesmo propósito. Empresas como a Microsoft e a Google, interessadas no nicho de prontuário eletrônico pessoal de saúde, estudaram esses padrões, tendo optado, inicialmente, pelo ASTM-CCR pela sua simplicidade e garantia de futuro mapeamento para o HL7-CDA.

A ISO conta com um Comitê Técnico em Informática Médica, o TC-215, cujo planejamento estratégico aponta para o desenvolvimento de relações mais sistemáticas e proativas com organizações geradoras de padrões, em especial as governamentais. São, ao todo, nove grupos de trabalho, sendo o mais ativo o de harmonização. Isto porque a atividade de desenvolvimento de padrões na área de saúde é tão intensa que é necessário haver uma monitoração sobre as várias iniciativas para garantir disseminação de seus resultados e evitar retrabalho. Os outros grupos tratam das seguintes áreas: estrutura de dados, troca de dados, conteúdo semântico, segurança, cartões de saúde, drogas e farmácias, dispositivos médicos e registro eletrônico em saúde.

Arquétipos e templates

Os arquétipos operam uma verdadeira revolução no que diz respeito a padrões em informática na área de saúde, atualmente. São especificações computáveis — e, por isto, formais — de conteúdo, expressas em termos de possibilidades e restrições num modelo de referência de informação qualquer. Uma vez estruturados numa forma-padrão (*templates*), facilitam a comunicação homem/máquina (interação do usuário com o sistema de informações clínicas), a criação de estruturas complexas de dados, a melhor distinção de informação e conhecimento em sistemas especialistas, a interoperabilidade da informação e (em especial) do conhecimento, a pesquisa (*query*) mais eficiente e inteligente de dados, o mapeamento de dados e informações de sistemas legados.

Os *templates* dão concretude aos arquétipos na ótica do usuário, uma vez que são disponibilizados como uma tela, um documento, um relatório ou, simplesmente, uma mensagem. Eles permitem criar dados em um contexto local em conformidade com as necessidades de captura de dados e as restrições do modelo de referência de informação subjacente.

Em termos de validação de dados, os *templates* permitem a crítica em tempo real à medida que estes são capturados, induzindo a conformidade no uso de termos permitidos.

Uma facilidade que os *templates* oferecem é o uso de valores-padrão (*defaults*) para as situações mais comuns, agilizando o registro clínico.

Temos assim que os dados capturados passam a ser, na realidade, instâncias do modelo de referência de informação, que determina os tipos de dados e seus valores válidos. Da mesma maneira, os arquétipos propriamente ditos passam a ser instâncias do modelo de arquétipos, o qual está relacionado ao modelo de referência de informação, incluindo a semântica e elementos linguísticos que definem a relação de elementos e invariantes como, por exemplo, a relação do índice de massa corpórea, do peso e da altura, ou do Apgar e seus cinco eixos.

A granularidade de um arquétipo corresponde à granularidade da atividade do negócio que o modelo de referência de informação padroniza. Ou seja, os arquétipos são dependentes da complexidade da atividade clínica que representam.

O uso de arquétipos permite que os especialistas de um determinado domínio de conhecimento, como, por exemplo, um clínico geral, criem as definições as quais determinarão as estruturas de dados nos seus sistemas de informações clínicas. Além disto, os arquétipos permitem a validação da entrada de dados em tempo real (via interfaces com o usuário) ou posteriormente, em processos de lote.

Oferecem, assim, muitas vantagens: independem dos padrões de terminologia que estejamos usando; as implementações também independem do ambiente operacional ou da linguagem dos sistemas que os utilizam; e são reutilizáveis dentro de um determinado domínio.

Para o *design* dos *templates* temos três princípios básicos, criados para facilitar sua reutilização e seu compartilhamento em diversas situações clínicas. Podemos afirmar que a partir de poucos arquétipos é possível gerar muitos *templates*. Resumindo os princípios, teremos:

- *princípio 1* — *templates* são usados para definir agregados de arquétipos adequados ao uso em situações particulares. Ou seja, são modelos de conteúdo de informação que permitem inúmeras maneiras de utilização segundo o modelo de referência de informação subjacente;
- *princípio 2* — *templates* não podem criar novas restrições não previstas nos arquétipos que estão referenciando, mas tão somente qualificá-las e quantificá-las. Na prática, opção e cardinalidade são instanciadas como: se opcionais (0..1), se mandatórias (1..1) e se passíveis de serem retiradas (0..0), como listado no exemplo adiante apresentado (quadros 4 a 6).
- *princípio 3* — os identificadores dos *templates* não necessitam ser registrados nos dados para que esses mesmos dados sejam utilizados. Uma vez que os *templates* não alteram a estrutura dos arquétipos, a não ser deletando ou mantendo

algumas de suas ramificações, a estrutura básica do arquétipo é preservada sempre. Isto permite que o arquétipo possa ser usado para criticar dados, independentemente dos *templates* a ele referenciados.

Como rotina, devemos responder às seguintes questões para usar *templates*:

- Quais arquétipos precisam ser usados (mandatórios)?
- Quais arquétipos podem ser usados (opcionais)?
- Quais nodos opcionais do arquétipo serão obrigatoriamente utilizados?
- Quais nodos opcionais do arquétipo não serão utilizados?
- Qual ou quais linguagens estão disponíveis para o usuário?
- Quais terminologias estão disponíveis para o usuário em cada nodo?
- Quais são os valores opcionais para cada elemento?
- Qual o valor opcional para cada elemento que pode ser classificado como *default*?

Existe uma tendência mundial de adoção do Snomed como terminologia-padrão desde a fundação da IHTSDO, bem como negociações de aproximação, ou até fusão, com o CID. Atualmente uma organização não governamental, a Fundação OpenEHR, tem-se dedicado ao desenvolvimento de arquétipos em parceria com a IHTSDO. A meta é a padronização de um subconjunto de atributos nos arquétipos, de tal sorte que possam ser reutilizáveis. O Snomed e, eventualmente, outras terminologias mais especializadas, como o Loinc, têm sido utilizados para tanto.

Uma linguagem de especificação/definição de arquétipos, *archetype definition language* (ADL), foi padronizada pelo Comitê Europeu de Padronização (CEN) para facilitar a criação de aplicativos voltados para a captura de conhecimento junto a profissionais de saúde com viés assistencial, sem capacitação em informática em saúde.

Na figura 16, representamos as relações dos modelos e suas respectivas instâncias, tanto para informação quanto para conhecimento. Fica clara a relação da ADL como modeladora dos *templates* e arquétipos, da mesma maneira que os modelos de informação se relacionam com as informações. É importante ressaltar que a ADL modela as restrições e possibilidades do modelo de informação, o que, no mundo real, se traduz nas restrições que os *templates* e arquétipos impõem às informações capturadas.

Figura 16

META-ARQUITETURA DO MODELO DE ARQUÉTIPO

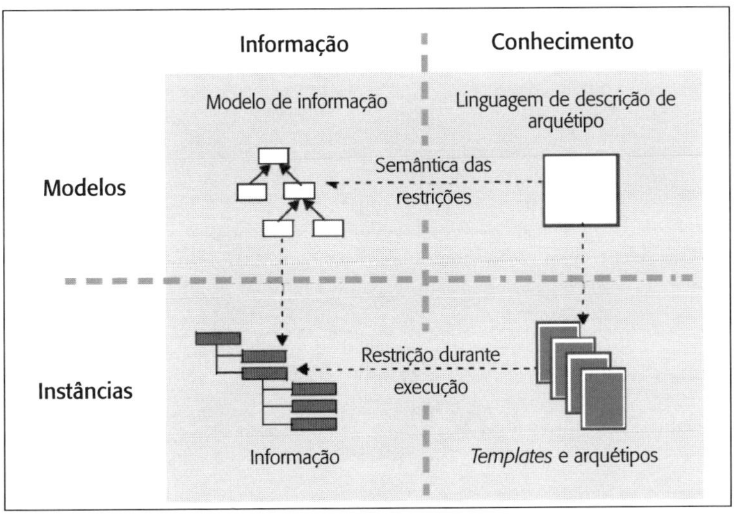

Fonte: OpenEHR.

Dr. Alfredo tem problemas quanto à padronização do registro de dados do cotidiano, tais como: pressão arterial, transcrição de resultados de exames para o prontuário, resumo de alta, prescrições, diagnósticos etc.; cada médico segue uma determinada escola e, além disso, tem o seu "jeito". Isto representa uma explosão combinatória de possibilidades de registro, que está associada a uma qualidade variável dos registros em si, com reflexos indesejáveis na atenção aos pacientes. O processo de certificação e acreditação se baseia em padrões e na conformidade da observação dos padrões na execução dos processos administrativos e assistenciais. Os arquétipos estão para o registro dos dados na área clínica como os procedimentos operacionais padrões (POPs) estão para os processos.

A seguir, três exemplos de arquétipos que poderão ser usados em todos os exames clínicos. O quadro 4 diz respeito ao exame de pupila.

Quadro 4

EXAME DA PUPILA

Conceito	Descrição	Tipo	Cardinalidade	Valores
Puntiforme irresponsiva	Pupila está puntiforme e irresponsiva	Booliano	Opcional 0..1	Verdadeiro Falso
Novo elemento	Pupila contrai em resposta ao estímulo luminoso	Booliano	Opcional 0..1	Verdadeiro Falso
Reflexo consensual	Pupila contrai em resposta ao estímulo luminoso na pupila contralateral	Booliano	Opcional 0..1	Verdadeiro Falso
Tamanho	Tamanho da pupila	Quantidade	Opcional 0..1	Unidade de comprimento: mm
Formato	Formato da pupila	Texto	Opcional 0..1	Texto livre ou codificado
Irregular?	A pupila está irregular em termos de formato?	Booliano	Opcional 0..1	Verdadeiro Falso
Resposta à acomodação	Pupilas dilatam/ contraem na dependência do foco a objetos próximos ou distantes	Booliano	Opcional 0..1	Verdadeiro Falso
Velocidade da resposta pupilar	Velocidade da resposta pupilar	Texto codificado	Opcional 0..1	Lenta Normal Rápida

Um arquétipo para inspeção de pele pode ser visto no quadro 5.

Quadro 5
INSPEÇÃO DA PELE

Conceito	Descrição	Tipo	Cardinalidade	Valores
Descrição clínica	Descrição clínica do achado durante a inspeção	Texto	Opcional 0..1	Texto livre ou codificado
Método de detecção do achado	Registro de achados durante a inspeção segundo um determinado método	Texto codificado	Opcional 0..1	Visualização direta Lâmpada de Wood Dermatoscópio
Cor	A cor do objeto sob inspeção	Texto	Opcional 0..1	Texto livre ou codificado
Descrição da localização	Descrição da localização dos achados	Texto	Opcional 0..1	Texto livre ou codificado
Formato ou distribuição	Descrição do formato e distribuição	Booliano	Opcional 0..1	Texto livre ou codificado
Simetria	Se formato e/ou distribuição são simétricos	Booliano	Opcional 0..1	Verdadeiro Falso
Contorno	Contorno do objeto da inspeção	Texto	Opcional 0..1	Texto livre ou codificado
Superfície	Descrição da superfície da pele	Texto	Opcional 0..1	Texto livre ou codificado
Espessura	Espessura da pele	Texto	Opcional 0..1	Texto livre ou codificado
Bordas	Bordas do achado	Texto codificado	Opcional 0..1	Bem-definido ***Razoavelmente definido*** ***Maldefinido***
Pigmentação	Pigmentação do achado	Texto	Opcional 0..1	Texto livre ou codificado
Translúcido	O achado na inspeção é translúcido?	Booliano	Opcional 0..1	Verdadeiro Falso

No site do OpenEHR <www.openehr.org> podemos obter gratuitamente dezenas de arquétipos, como o de inspeção de edema (quadro 6), além de algumas ferramentas de edição dos arquétipos.

Quadro 6

Inspeção do edema

Conceito	Descrição	Tipo	Cardinalidade	Valores
Descrição clínica	Descrição do caráter do edema durante a inspeção	Texto	Opcional 0..1	Texto livre ou codificado
Presença de cacifo	Registro da presença de cacifo à compressão digital durante a inspeção	Booliano	Opcional 0..1	Verdadeiro Falso
Extensão	Descrição da extensão do edema durante a inspeção	Texto	Opcional 0..1	Texto livre ou codificado
Grau	Descrição do grau de edema durante a inspeção	Ordinal	Opcional 0..1	1, + 2, ++ 3, +++ 4, ++++

O HL7 lançou, em 2007, o Conselho de Interoperabilidade Clínica (CIC), cujo objetivo principal é criar um espaço para facilitar que diferentes domínios clínicos possam desenvolver abordagens comuns na área de padronização, em especial dos arquétipos, formando consenso em questões de interesse comum. A participação de clínicos é estimulada, sendo o foco a prática clínica e não a tecnologia de informação propriamente dita — algo inédito no âmbito do HL7. Temas como tuberculose, insuficiência coronária aguda, diabetes e saúde mental têm sido as primeiras áreas abordadas.

Na figura 17, a meta-arquitetura de modelos que o HL7 adotou para o CIC é muito semelhante à adotada pela OpenEHR, mostrada na figura 16.

Figura 17
Meta-arquitetura do modelo do CIC

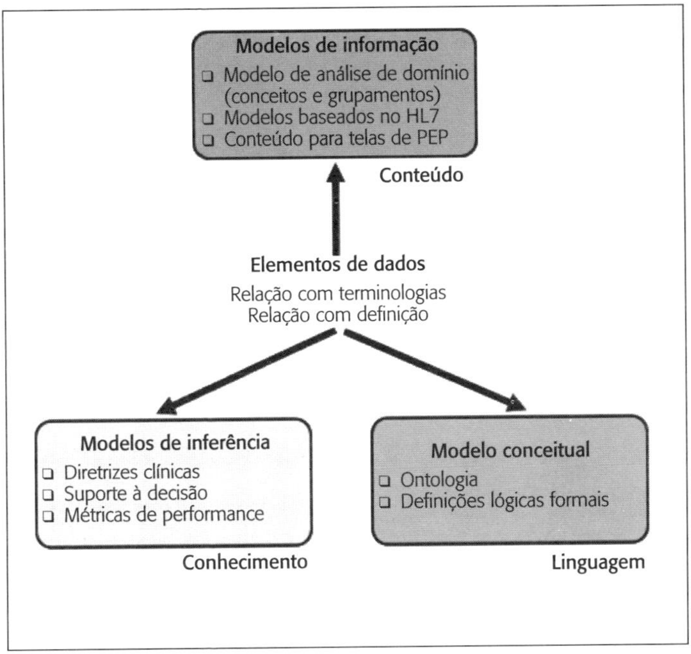

Fonte: Instituto HL7 <www.hl7brazil.org/>.

Observamos a interação da linguagem, conhecimento e conteúdo por meio de seus respectivos modelos conceitual, de inferência e de informação. Aliás, o modelo de informação é exatamente o RIM, visto anteriormente na figura 14.

A atividade dos grupos de trabalho com o objetivo de harmonização entre as diversas iniciativas tem-se tornado cada vez mais importante, pois, como ficou demonstrado com os arquétipos, muitas instituições têm-se dedicado ao mesmo tema, mas nem sempre de forma integrada, resultando em retrabalho e dispêndio de parcos recursos disponíveis.

Dr. Alfredo percebe claramente o universo que pode ser abrangido pela adoção dos arquétipos e sua incorporação nas *guidelines* (diretrizes) clínicas. Mas nada disso poderia ser implementado sem uma cuidadosa preocupação com a segurança dos sistemas. É o que veremos no próximo capítulo.

6

Segurança da informação

O dr. Alfredo percebe os riscos de guardar em rede seus ativos de conhecimento. Ele aprende sobre as normas de segurança da informação.

Conceitos básicos sobre segurança da informação

Intuitivamente, dr. Alfredo passou a questionar quanto valiam as suas informações. Isto ocorreu a partir de um acidente doméstico: seu filho Jonas, de apenas oito anos, decidiu acessar um site de jogos no *notebook* do pai. O problema é que o site encobria uma rede de *hackers*, e um vírus disponível no site foi acessado, apagando todas as informações do seu computador...

A partir deste incidente, Alfredo passou a questionar se dentro da sua organização os dados eram realmente seguros. Questionou João, o responsável pela área de infraestrutura, e este lhe informou que o *backup* dos dados era feito regularmente, ou seja, de ano em ano cópias dos dados eram feitas em uma espécie de fita cassete.

De ano em ano? perguntou o dr. Alfredo. Sinal de problemas à vista. E se os dados fossem perdidos? O que fazer? Restaurar um *backup* duvidoso de um ano atrás? O dr. Alfredo passou a estudar o assunto e percebeu que uma solução de segurança adequada deveria satisfazer os seguintes princípios:

- *confiabilidade* — significa proteger informações no sentido de que não sejam reveladas a alguém não autorizado, interna ou externamente. Consiste em proteger a informação contra leitura e/ou cópia por alguém que não tenha sido explicitamente autorizado por seu proprietário. A informação deve ser protegida qualquer que seja a mídia que a contenha, como, por exemplo, mídia impressa ou mídia digital. Deve-se cuidar não apenas da proteção da informação como um todo, mas, também, de partes da informação que podem ser utilizadas para interferir sobre o todo. No caso de rede, isto significa que os dados, quando em trânsito, não serão vistos, alterados, ou extraídos da rede por pessoas não autorizadas nem capturados por dispositivos ilícitos;
- *autenticidade* — o controle de autenticidade está associado à identificação correta de um usuário ou computador. O serviço de autenticação em um sistema deve assegurar ao receptor que a mensagem é realmente procedente da origem informada em seu conteúdo. Normalmente isso é implementado a partir de um mecanismo de senhas ou de assinatura digital. A verificação de autenticidade é necessária após todo processo de identificação, seja de um usuário para um sistema, de um sistema para o usuário ou de um sistema para outro sistema. Ela é a medida de proteção de um serviço/informação contra a personificação por intrusos;
- *integridade* — consiste em proteger a informação contra modificação sem a permissão explícita de seu proprietário. A modificação inclui ações como: escrita, alteração de con-

teúdo, alteração de status, remoção e criação de informações. Deve-se considerar a proteção da informação nas suas mais variadas formas, como, por exemplo, armazenada em discos ou fitas de *backup*. Integridade significa garantir que, se o dado está lá, então não foi corrompido, encontrando-se íntegro. Isto significa que aos dados originais nada foi acrescentado, deles nada foi retirado ou modificado. A integridade é assegurada evitando-se alteração não detectada de mensagens (por exemplo, no tráfego bancário) e o forjamento não detectado de mensagem (aliado à violação de autenticidade);

- *disponibilidade* — consiste na proteção dos serviços prestados pelo sistema de forma que eles não sejam degradados ou se tornem indisponíveis sem autorização, assegurando ao usuário o acesso aos dados sempre que deles precisar. Isto pode ser chamado também de continuidade dos serviços.

Através da correta aplicação desses princípios a segurança da informação pode trazer benefícios como: aumento da produtividade dos usuários através de um ambiente mais organizado, maior controle sobre os recursos de informática e garantia da funcionalidade das aplicações críticas da empresa.

Todos estes elementos têm como base a criptografia, que tem na sua origem duas palavras gregas: *kryptós* (escondido) e *gráphein* (escrever).

A criptografia é o estudo dos princípios e das técnicas pelos quais a informação pode ser transformada de sua forma original em outra — ilegível —, sendo necessária a existência de uma chave para sua leitura. É implementada por meio de funções matemáticas usadas para codificar os dados, garantindo segredo e autenticação. Estas funções matemáticas, chamadas de algoritmos, são divididas em dois tipos principais:

- simétricas, também chamadas de criptografia de chave secreta;

- assimétricas, também chamadas de criptografia de chave pública e privada.

Criptografia de chave secreta

Esta criptografia utiliza apenas uma chave para criptografar e descriptografar a informação, como pode ser visto na figura 18. Suas principais vantagens são:

- rapidez — criptografa um texto longo em milésimos de segundos;
- chaves pequenas — uma chave secreta de 128 bits é praticamente impossível de ser quebrada.

Figura 18
CRIPTOGRAFIA DE CHAVE SECRETA

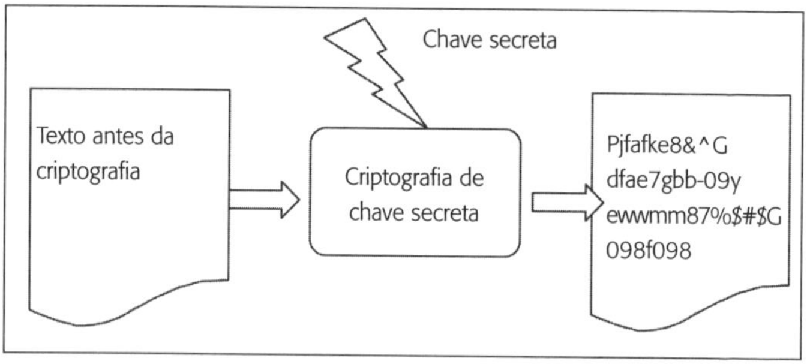

A maior desvantagem da criptografia de chave secreta é que a chave utilizada para criptografar é igual à utilizada para descriptografar. Quando um grande número de pessoas tem conhecimento da chave, a informação deixa de ser um segredo. Além disso, o número de chaves necessárias para se criptografar documentos entre um grande número de pessoas cresce exponencialmente, através da fórmula

$$\text{Número de chaves} = n\,(n - 1) \div 2$$

onde n é o número de pessoas.

Por exemplo: entre três usuários são necessárias três chaves secretas para que todos os documentos trocados entre eles sejam criptografados, conforme demonstrado na figura 19.

Figura 19
QUANTIDADE DE CHAVES PARA TRÊS USUÁRIOS

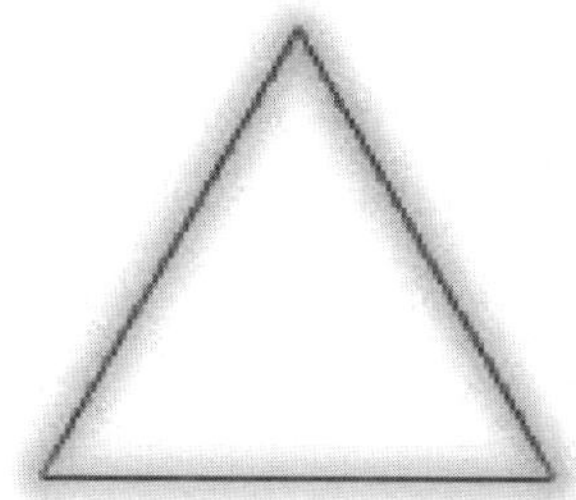

3 usuários = (3 x 2) ÷ 2 = 3 chaves

Já no caso de seis usuários, o número de chaves cresce para 15, conforme ilustra a figura 20. Logo, concluímos que o crescimento é exponencial e, desta forma, a criptografia de chave secreta não é adequada para grandes grupos.

Figura 20
QUANTIDADE DE CHAVES PARA SEIS USUÁRIOS

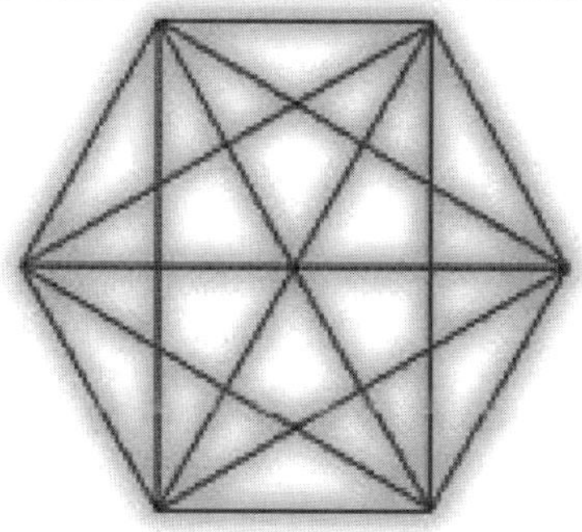

6 usuários = (6 x 5) ÷ 2 = 15 chaves

Criptografia de chave pública e privada

A criptografia de chave pública e privada, como o próprio nome diz, utiliza duas chaves, em vez de uma. Tal esquema pode ser visualizado na figura 21.

O par de chaves pertence a uma entidade ou pessoa e é gerado a partir de um processo matemático.

A chave privada deve ficar de posse e uso apenas de seu dono, enquanto a chave pública pode ser distribuída, inclusive para servidores específicos na internet.

Figura 21
CRIPTOGRAFIA DE CHAVE PÚBLICA

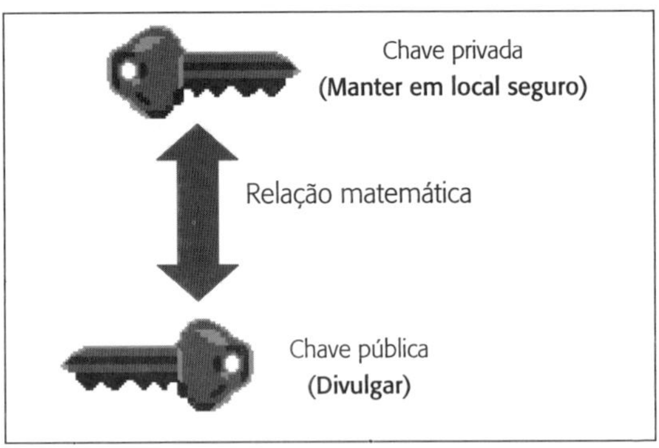

As chaves pública e privada têm a habilidade de criptografar e descriptografar informação, funcionando da seguinte forma:

- outros usuários podem criptografar informações com a sua chave pública e enviar estas informações seguramente para você;
- somente você, com a sua chave privada, pode descriptografar a mensagem recebida. O remetente tem certeza de que a mensagem será lida somente por você e não será alterada.

Para enviar, de forma segura, um documento do usuário A para o usuário B, veja um exemplo na figura 22.

Figura 22
CRIPTOGRAFANDO UM DOCUMENTO

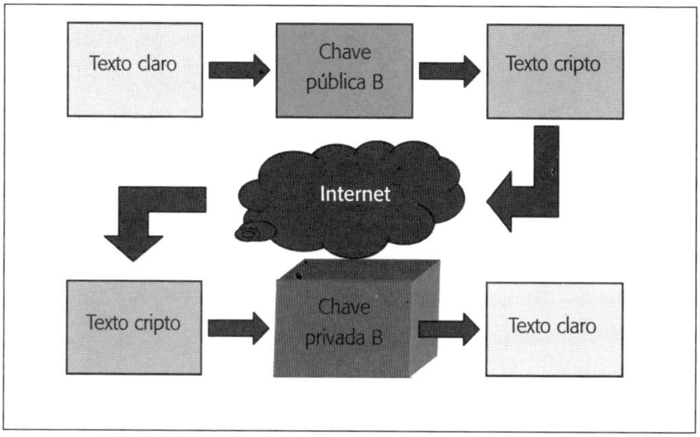

Uma das funções mais utilizadas na criptografia de chave pública e privada é a autenticação. Você pode criptografar informações com a sua chave privada e enviar a informação através da rede. Qualquer um que tenha a sua chave pública (que você distribuiu livremente) pode descriptografar a sua mensagem e ter certeza de que foi você quem a enviou (autenticada com a sua assinatura digital) e de que não foi alterada. Este processo chama-se assinatura digital e pode ser visualizado na figura 23.

A criptografia de chave pública e privada possui algumas desvantagens, no entanto:

- é lenta — leva muito mais tempo para criptografar do que a criptografia de chave secreta;
- utiliza chaves grandes — para obter o mesmo nível de segurança de uma chave secreta de 128 bits, é necessário utilizar chaves públicas e privadas de 3.078 bits.

Figura 23

ASSINANDO DIGITALMENTE UM DOCUMENTO

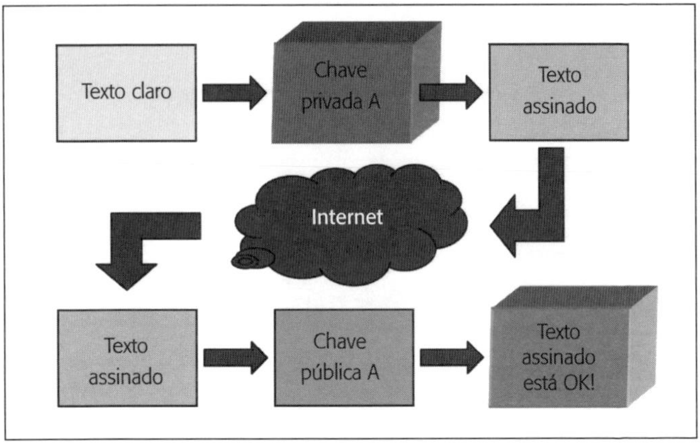

O secure sockets layer (SSL)

O dr. Alfredo notou que vários de seus concorrentes já estavam disponibilizando eletronicamente o acesso a diversos documentos e laudos para seus pacientes.

Só que, devido aos riscos envolvidos, verificou que somente poderia disponibilizar suas informações se o site da clínica fosse seguro. E, para isso, seria necessária a utilização do protocolo *secure sockets layer* (SSL).

O SSL é usado em praticamente todos os sites que fazem comércio eletrônico na rede (livrarias, lojas de CD, bancos etc.), tendo sido desenvolvido pela Netscape e lançado comercialmente em 1994. O esquema básico do SSL pode ser visto na figura 24.

Em seguida, conforme a figura 25, o navegador e o site enviam um para o outro a sua chave pública, que é utilizada para criptografar a sessão.

Figura 24
O SSL

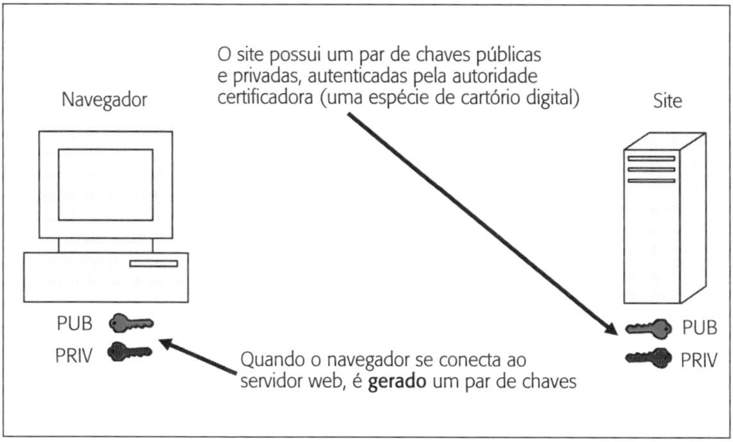

Figura 25
TROCA DE CHAVES PÚBLICAS

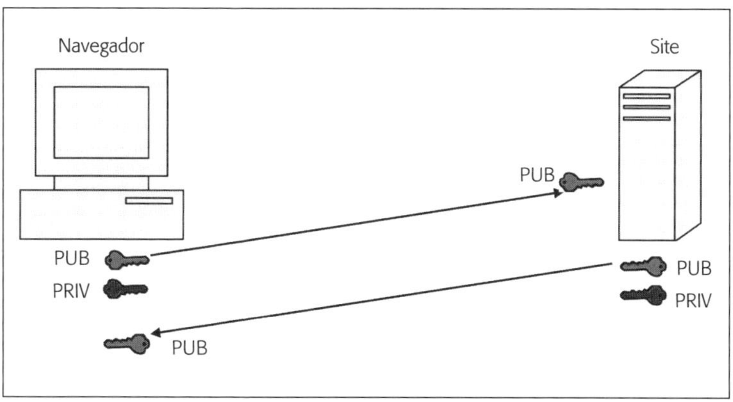

Quando o site envia uma página para o navegador, é necessário criptografá-la, já que sem o uso da criptografia as informações se tornam vulneráveis na internet, como ilustra a figura 26.

Fugura 26

CRIPTOGRAFANDO E DESCRIPTOGRAFANDO UMA PÁGINA

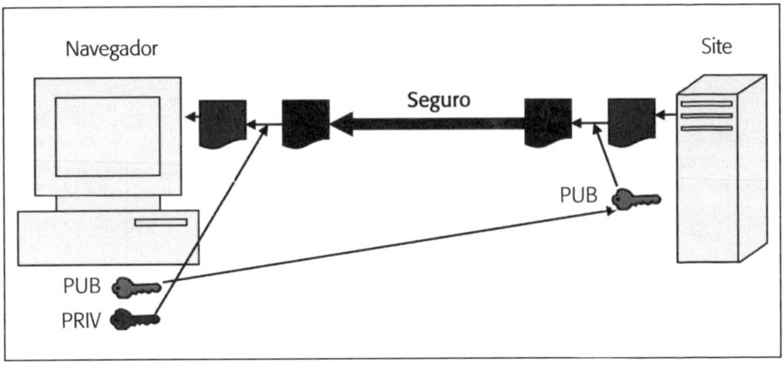

Ao receber a página, o usuário pode preencher as informações necessárias e enviá-las para o site. Analogamente ao caso anterior, este conteúdo deve ser criptografado (figura 27) para não se tornar acessível a *hackers* mal-intencionados.

Figura 27

CRIPTOGRAFANDO E DESCRIPTOGRAFANDO OS DADOS PREENCHIDOS

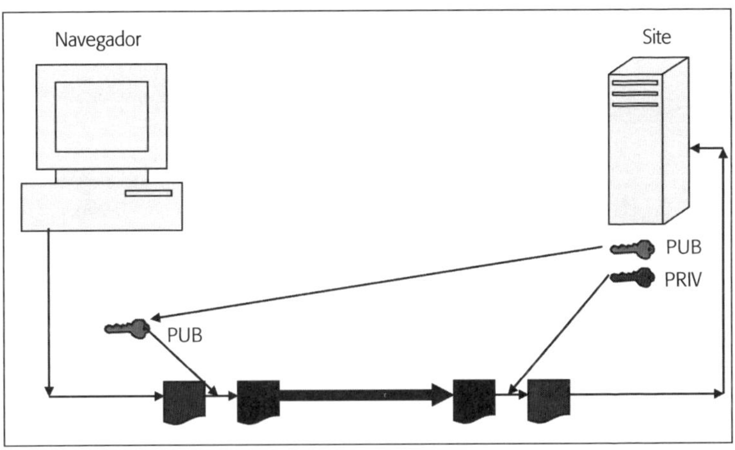

O SSL destina-se a dar segurança durante a transmissão de dados sensíveis por TCP/IP. Devido à sua grande aceitação, ele acabou se tornando também o protocolo-padrão para redes locais. O SSL fornece criptografia de dados, autenticação de servidor e integridade de mensagem para transmissão de dados pela internet. Os dados protegidos pelo protocolo envolvem o uso de criptografia e descriptografia; portanto, o uso do SSL aumenta a quantidade de dados transmitidos e torna mais lenta a transmissão de informações entre o servidor e o navegador. Desta forma, o método mais comum de implementação para aplicações de comércio eletrônico é a utilização do SSL apenas para proteger aquelas páginas que contêm informações confidenciais e sensíveis, tais como informações pessoais e de cartão de crédito.

Na prática, são mostradas ao usuário algumas indicações visuais de que ele se encontra em ambiente seguro, ou seja, protegido pelo SSL, como mostrado na figura 28.

Figura 28
INDICAÇÕES VISUAIS DE AMBIENTE SEGURO

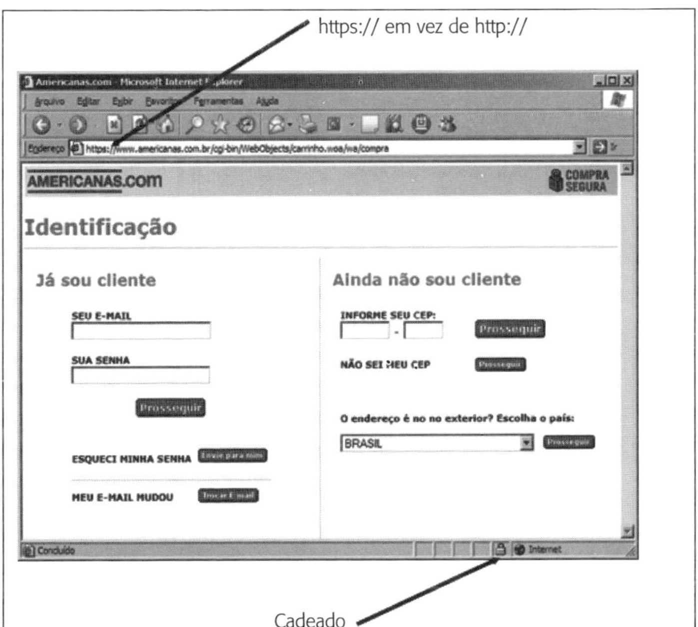

Com todos estes procedimentos, o dr. Alfredo ficou bem confortável para disponibilizar aos pacientes suas informações médicas por meio do site da clínica.

Normas para governança corporativa

No entanto, dr. Alfredo percebeu que precisaria investir mais na obtenção de critérios e padrões de segurança. Afinal, quem sabe, no futuro o seu negócio cresceria e poderia até abrir o capital na bolsa de valores. Para chegar a este nível, precisaria se adequar a padrões internacionais de governança corporativa.

O Instituto Brasileiro de Governança Corporativa (IBGC) define governança corporativa como um sistema que assegura aos sócios-proprietários equidade, transparência, responsabilidade pelos resultados e obediência às leis do país. Diante do cenário atual, esta prática vem permitindo uma melhor administração da empresa e até mesmo configurando-se como fator para o acesso ao mercado de capitais, traduzindo-se em benefícios aos acionistas.

Nesse contexto diversas normas para governança corporativa vêm sendo adotadas nas empresas que visam à garantia e à preservação do valor da tecnologia da informação dentro dos seus negócios. Entre as mais conhecidas estão a Itil, o Cobit e a Sarbanes-Oxley Act. Cada uma delas possui peculiaridades que as diferenciam com relação ao foco e à aplicabilidade, cabendo ao gestor de TI identificar suas limitações e pontos fortes que sejam adequados à sua realidade.

Itil

Information Technology Infrastructure Library (Itil), desenvolvida pela Central Computer and Telecommunications Agency (CCTA), o equivalente britânico da Anatel, é uma biblioteca de boas práticas, que procura promover a gestão com foco no cliente e na qualidade dos serviços de TI. Atualmente a Itil é desenvolvida pelo Office for Government Commerce (OGC), também da Inglaterra.

A Itil abrange estruturas de processos para a gestão de uma organização de TI apresentando um conjunto compreensivo de processos e procedimentos gerenciais (organizados em disciplinas) com os quais uma organização pode fazer sua gestão tática e operacional, buscando alcançar o alinhamento estratégico com os negócios. Uma pesquisa realizada no Brasil pela revista IDG, em 2005, mostra que 37% das empresas pesquisadas já iniciaram a aplicação da Itil em seus processos. E, além disso, como os profissionais de TI podem se certificar na disciplina Itil (analogamente à certificação PMP, do Project Management Institute para gerentes de projetos), muitas empresas já estão exigindo esta certificação para a contratação tanto de profissionais quanto de fornecedores. Estes profissionais poderão atuar em projetos de implementação de gestão de serviço.

Analogamente a outras normas britânicas, a Itil se tornou a base para a norma ISO/IEC 20000, para o gerenciamento de serviços de TI (GSTI).

Cobit

O Control Objectives for Information and Related Technology (Cobit) é uma norma técnica relacionada com a gestão de tecnologia da informação, incluindo sumário executivo, um *framework*, controle de objetivos, mapas de auditoria, ferramentas para a sua implementação e, principalmente, um guia com técnicas de gerenciamento.

A ideia principal do Cobit é otimizar os investimentos em tecnologia da informação, independentemente das plataformas de TI adotadas nas empresas, tipo de negócio e do valor e participação que a tecnologia da informação tem na cadeia produtiva da empresa.

Analogamente à certificação Itil, profissionais de TI também podem se certificar em Cobit.

Sarbanes-Oxley

Sarbanes-Oxley Act ou Lei Sarbanes-Oxley é uma lei americana, proposta pelo senador Paul Sarbanes (democrata de Maryland) e pelo deputado Michael Oxley (republicano de Ohio).

Sua motivação foram os diversos escândalos financeiros corporativos no mercado americano (tais como os da Enron, Arthur Andersen e Xerox), buscando restaurar a confiança dos investidores na governança das empresas.

A Lei Sarbanes-Oxley foi apelidada de Sarbox ou SOX. Ela busca criar mecanismos de auditoria e segurança nas empresas, incluindo regras para a criação de estruturas encarregadas de evitar a ocorrência de fraudes e diminuir riscos, procurando a transparência de gestão.

Outsourcing em TI

Depois de todos os avanços nesta área, dr. Alfredo lembrou-se que o seu *core business* era a área de saúde, e não de tecnologia da informação. Então ele se perguntou: por que não terceirizar determinadas áreas da empresa?

Rapidamente se inscreveu em um seminário internacional sobre *outsourcing*. Neste seminário aprendeu que esta palavra, de origem inglesa, significa a externalização de determinadas áreas funcionais, ou o que denominamos, no Brasil, terceirização.

Um processo de *outsourcing* ocorre quando uma ou várias atividades deixam de ser desenvolvidas por trabalhadores numa relação contratual-trabalhista e são transferidas para uma outra empresa.

Portanto, aplicado em caráter geral, não é um conceito novo, já que corresponde ao fato de uma organização contratar um terceiro para que realize um trabalho no qual está especializado, com os objetivos de reduzir custos e/ou evitar que a organização adquira uma infraestrutura própria, dificultando a correta execução do trabalho.

O *outsourcing* é uma prática que data do início da era moderna. Este conceito não é novo no país, já que muitas companhias competitivas o realizam como uma estratégia de negócio. A importância do *outsourcing* está na concentração dos esforços da companhia em seu *core business*. Se uma empresa é uma concessionária de energia elétrica, por que ela deveria possuir uma competência extrema em tecnologia da informação?

Dessa maneira pretende-se outorgar maior valor agregado para os clientes e produtos mediante agilidade e oportunidade no manejo dos processos transferidos, uma redução dos tempos de processamento e, inclusive, na maioria dos casos, uma redução de custos e de pessoal, bem como uma potencialização dos talentos humanos.

O processo é impulsionado tanto pela demanda — quando a gerência busca melhores formas de fazer o trabalho rotineiro — quanto pelos fornecedores de serviços subcontratados, que se oferecem para assumir mais e mais os ônus de trabalho de seus clientes.

Um dos primeiros passos no projeto de *outsourcing*, e talvez o mais importante, consiste em selecionar quais processos poderiam ser subcontratados. É útil, portanto, ter uma lista dos critérios para decidir quais são as áreas prováveis para *outsourcing*.

A priori, é possível tomar como critério para *outsourcing* dentro de uma companhia a seleção daqueles processos que:

- fazem uso intensivo de recursos;
- estão em áreas relativamente independentes;
- usam serviços especializados e de apoio;
- têm padrões de trabalho flutuantes em ônus e rendimento;
- estão sujeitos a um mercado que muda frequentemente.

As atividades para as quais se recomenda a terceirização são:

- as que fazem uso intensivo de recursos, custos correntes ou investimento de capital;
- as desenvolvidas em áreas relativamente independentes;
- serviços especializados e outros serviços de apoio;
- aquelas sujeitas a um mercado instável;
- aquelas para as quais há dificuldade de recrutamento, capacitação e retenção do pessoal;
- aquelas nas quais a tecnologia muda rapidamente, requerendo um grande investimento.

Entretanto, para algumas áreas não é recomendada a terceirização, como, por exemplo:

- estratégica;
- finanças corporativas;
- controle de fornecedores;
- qualidade;
- normas ambientais;
- segurança;
- as que envolvem a satisfação dos requisitos do mercado e regulamentares;
- administração e direção;
- avaliação e gestão da concorrência;
- aquelas que exigem diferenciação com relação aos competidores;
- as que envolvem a identidade da empresa.

Depois de todo o conhecimento adquirido, dr. Alfredo implementou as melhores práticas de segurança da informação, governança corporativa e terceirizou algumas áreas da clínica, preparando-se para a nova era que estava à sua frente: a dos negócios eletrônicos.

7 Negócios eletrônicos

O dr. Alfredo começa a ter interesse em negócios eletrônicos, gestão do conhecimento e ferramentas avançadas, como prontuários eletrônicos.

O início dos negócios eletrônicos

Com o desenvolvimento de sua estratégia em tecnologia da informação, dr. Alfredo percebe que precisa ir além. Ele observa que o advento da internet e o seu espantoso crescimento nos últimos anos têm impulsionado rápidas mudanças nas formas tradicionais de as empresas conduzirem negócios. As relações entre a empresa, seus clientes e fornecedores estão, em maior ou menor grau, passando por processos de redefinição que culminam no que se define atualmente como "operações eletrônicas via web".

Será que seria possível adquirir todos os suprimentos de sua clínica por meio desta nova mídia? Bem, para as grandes corporações operações eletrônicas não são exatamente uma novidade, já que há anos elas utilizam o *electronic data interchange* (EDI) como meio de realizar negócios. Ocorre, porém, que os altos custos envolvidos no EDI impossibilitavam as empresas de migrar suas operações manuais para operações eletrônicas. Tal situação mudou substancialmente com o baixo custo e a popularização da internet, que hoje se encontra presente em todos os ramos de negócios e tamanhos de empresas, além de clientes residenciais. Estas operações eletrônicas englobam atividades realizadas por meio eletrônico desde as mais básicas, como a simples interação com clientes e fornecedores, até a integração completa da cadeia de valor de uma empresa.

O *e-commerce* (comércio eletrônico) descreve os processos de compra, venda, prestação ou troca de produtos ou serviços através de redes de computadores, incluindo a internet. Já o conceito de *e-business* se refere a uma definição mais ampla do *e-commerce*, não apenas restrito à compra e venda de produtos e serviços, mas também servindo a clientes e colaborando como parceiros de negócios.

Logo dr. Alfredo entende que a adoção de estratégias de *e-business* (ou *e-commerce*) tem impacto não apenas na cultura das organizações e nos seus processos de negócios, mas também na necessidade de infraestrutura e suporte de telecomunicações.

O sucesso de um projeto de *e-business*, independentemente de ele estar voltado para o mercado corporativo (neste caso denominado B2B) ou para o residencial (B2C), está diretamente ligado à capacidade da empresa em dispor de uma cadeia interna de fornecimento capaz de entregar os pedidos dos clientes de uma forma rápida, eficaz e a custos competitivos.

Integração desta cadeia é a palavra-chave, e ela deve envolver as etapas de planejamento, compras, fabricação, pedido, serviços e suporte ao cliente.

Outro componente desta cadeia que se tem tornado um gargalo para o sucesso do *e-business* é a logística de entrega.

Disponibilidade de armazenagem, transporte, distância entre o cliente e o ponto de saída das mercadorias são fatores que podem dificultar em muito o sucesso dos negócios eletrônicos. De nada adiantaria fazer pedidos diretamente e de forma eletrônica a um fornecedor de medicamentos se ele não entregasse diretamente na clínica.

Dr. Alfredo traçou a estratégia a seguir para os negócios eletrônicos de sua clínica.

Business to consumer: negócios eletrônicos para o consumidor final (B2C)

No passado este modelo foi iniciado quando a Amazon.com e a fabricante de chocolates Godiva lançaram seus sites. A Amazon.com iniciou suas operações em julho de 1994. O seu fundador, Jeff Bezos, a batizou com o nome do rio Amazonas (o maior do mundo) porque queria que o seu empreendimento fosse "a maior livraria do mundo". Os primeiros passos não foram fáceis. Devido à excelência técnica e à proximidade de diversos distribuidores de livros, Bezos estrategicamente criou a companhia em Seattle (também sede da Microsoft e da Boeing), mas a sua primeira sede tinha o tamanho de uma garagem de automóveis. Uma curiosidade: Bezos mandou instalar um sino que tocava a cada venda realizada. Após uma semana de operação o sino começou a tocar muito rápido, e na segunda semana ele foi desativado, já que passou a emitir um barulho constante!

Quando analisou o modelo B2C, dr. Alfredo concluiu que ele se comporta como uma versão específica do varejo a distância, como os catálogos e o telemarketing. A diferença entre eles está na utilização de ferramentas eletrônicas, tais como sites e e-mail para escolha e aquisição de produtos e gerenciamento das compras. O quadro 7 compara o varejo tradicional com o varejo eletrônico.

Quadro 7

Comparação do varejo tradicional com o eletrônico

	Varejistas tradicionais	Varejistas eletrônicos
Expansão física — quando as vendas aumentam com o número crescente de clientes	Expansão da plataforma de varejo com novas lojas e mais espaço físico	Expansão da plataforma de comércio eletrônico com aumento de capacidade dos servidores, banda e estoque
Tecnologia	Tecnologias de automação comercial	Tecnologias de *frontend* (sites de comércio eletrônico) e *backend* (softwares de gestão empresarial e logística)
Relacionamento com os clientes	Mais estável, devido à presença física do cliente nas lojas	Menos estável, devido aos contatos anônimos e ao fato de a concorrência estar a um clique de distância. Pode ser melhorado com uso de personalização e marketing direto
	Relacionamento físico	Relacionamento lógico
Experiência ao comprar	O cliente experimenta mais o produto, porém frequentemente não possui informações sobre ele	O cliente perde a sensação de experimentar o produto, mas tem acesso a mais informações sobre ele
Competição	Competição local, com menos competidores	Competição global, com muito mais competidores
Base de clientes	Identificável Menos necessidade de gastos para fidelizar o cliente	Anônima É necessário gastar mais recursos para fidelizar o cliente

Além desta comparação, dr. Alfredo percebeu as seguintes vantagens do comércio eletrônico:

- alcance global — através da internet pode-se vender para o mundo inteiro, sem barreiras geográficas;
- disponibilidade 24 × 7 — com raras exceções, sites não fecham, permitindo que os clientes comprem a qualquer hora, de qualquer lugar.

Outros dados que o dr. Alfredo pesquisou:

- nos Estados Unidos o comércio eletrônico cresceu, em média, 23,1% ao ano, de 2002 a 2007, contra um percentual de 5% de crescimento do varejo tradicional no mesmo período (U.S. Census Bureau, 2007);
- adicionalmente às vendas por meio eletrônico, a internet continua a influenciar fortemente as vendas nos canais offline;
- as pessoas estão se sentindo mais confortáveis ao comprar online e ao utilizar a internet para pesquisar e comparar preços;
- os varejistas, tanto online quanto offline, sentem o impacto do poder do consumidor criado pelas redes sociais, tais como o Orkut, Facebook e Myspace.

Dr. Alfredo também conseguiu apurar que, no Brasil, cerca de 21% da população acima dos 10 anos de idade utilizam a internet, segundo o IBGE (2005), como mostra o gráfico da figura 29.

Figura 29

Percentual das pessoas que utilizaram a internet (por sexo e faixa etária — Brasil, 2005)

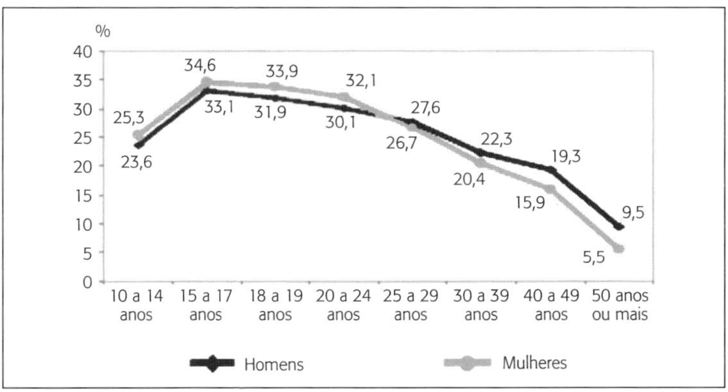

Fonte: IBGE (2005).

Em relação ao comércio, mesmo sendo o Brasil um país em desenvolvimento, os internautas brasileiros representam uma fatia de 40% do mercado na América Latina. As vendas no varejo através da internet batem recordes sucessivos no Brasil, representando 3,6% do total do faturamento do comércio varejista. A taxa de crescimento médio do comércio eletrônico no Brasil chega a superar os números do mercado norte-americano, segundo a e-bit Informação <www.ebit.com.br/>. Espera-se, para 2009, um crescimento nominal entre 20% e 25% em relação ao ano de 2008, como pode ser visto no gráfico da figura 30.

Figura 30

Evolução do faturamento do e-commerce no Brasil
Primeiros semestres — 2001-2009
(R$ milhões)

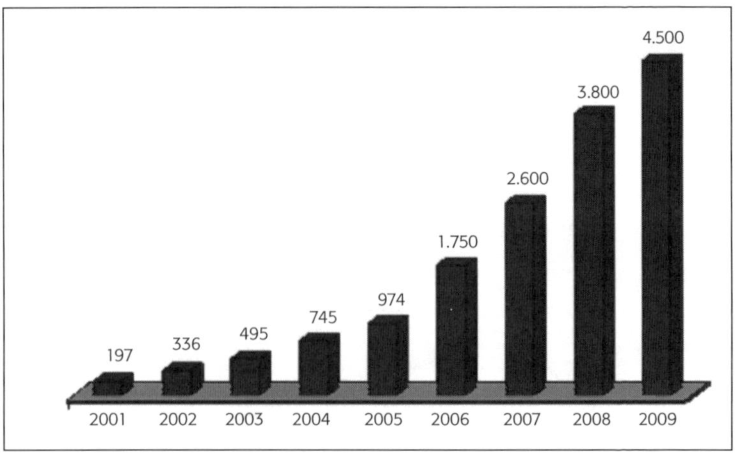

Fonte: e-bit (2009).

Todos esses dados demonstram a força e a importância desta nova modalidade de comércio no mercado brasileiro e confirmam que todas as empresas, independentemente de sua natureza (produtos ou serviços) e de seu porte (pequenas, médias ou grandes), terão, necessariamente, que investir no modelo eletrônico de comércio, sob pena de serem esmagadas pela concorrência.

Assim, dr. Alfredo resolveu também criar uma loja eletrônica para sua clínica, permitindo que itens de conveniência fossem adquiridos pelos pacientes e seus familiares. Um dos itens que mais fez sucesso foi a entrega de flores para seus pacientes. Familiares e amigos dos pacientes podiam, através da loja eletrônica da clínica, comprar flores e presentes, e estes eram entregues, quase que instantaneamente e de forma personalizada, aos pacientes da clínica.

Business to business: negócios eletrônicos interempresariais (B2B)

O próximo passo da estratégia do dr. Alfredo seria interligar os sistemas da clínica aos seus fornecedores, incluindo laboratórios, planos de saúde e outros. Ele entendeu que o conceito de mercado B2B se refere a uma comunidade de empresas compradoras e fornecedoras, que realizam transações comerciais suportadas por uma infraestrutura de serviços de *e-business*.

O conceito de mercado B2B não é novo, já que engloba o chamado *electronic data interchange* (EDI), cujos princípios básicos já orientavam o desenvolvimento de alguns sistemas que datam de meados da década de 1960.

Depois de muito estudo, dr. Alfredo chegou à conclusão de que os principais efeitos de um mercado B2B são:

- menores custos;
- menor necessidade de estoques;
- maior transparência;
- eliminação de barreiras geográficas e temporais;
- redução de processamento e emissão de documentos (dados não são redigitados);

- redução nos prazos de entrega;
- aumento de confiabilidade no suprimento;
- redução dos contatos informais;
- aproximação de fornecedores e clientes.

Os principais modelos que poderiam ser implantados na clínica eram:

Visão do vendedor		Visão do comprador
Um	para	um
Um	para	muitos
Alguns	para	muitos
Muitos	para	muitos
Muitos	para	alguns
Muitos	para	um

Um para um

O modelo *um para um* é bem descrito por meio do *electronic data interchange* (EDI) ou intercâmbio eletrônico de dados. O EDI descreve a troca de dados entre aplicativos (sistemas de gestão, por exemplo) que rodam em computadores de parceiros de negócios utilizando um formato padronizado. A principal motivação para o uso do EDI veio do setor de transportes. No comércio internacional até 28 organizações são envolvidas para uma simples remessa (transportadores, fretadores, corretores, bancos, seguradores, administrações alfandegárias, outras agências governamentais etc.) e mais de 40 transações são criadas para documentar o processo (conhecimentos, cartas de crédito, manifestos, apólices etc.). O trabalho com papel chega a representar 8% do custo total de um despacho internacional. A consequência desta burocracia é uma grande propagação de erros — metade de todas as cartas de crédito circulantes no mundo contém erros de preenchimento, que atrasam embarques, adicionam custos de armazenamento e influenciam adversamente o fluxo normal de fabricação e as cadeias de distribuição e vendas.

A primeira aplicação do EDI no mundo aconteceu no bloqueio soviético à cidade de Berlin ocidental, em 1948. Para abastecê-la, o Exército americano realizou 278 mil voos, suprindo a cidade com cerca de 2,3 milhões de toneladas de comida, carvão, remédios, máquinas pesadas, jornais, equipamentos de construção civil, veículos e suprimentos para casa, atendendo aos 2,5 milhões de habitantes da parte ocidental da cidade. Com os aviões chegando a cada três minutos, o processo de descarregamento da carga era mais rápido do que o processo (manual) de preenchimento e verificação dos documentos em papel.

Por causa deste problema as listas de estoque ficavam rapidamente desatualizadas, e em pouco tempo perdeu-se o controle da situação. Percebendo que o processo estava ficando inviável, o Exército americano desenvolveu um sistema de manifesto de carga padronizado, que podia ser enviado via telex, teletipo ou mesmo telefone. Foi a primeira aplicação de EDI no mundo.

O conceito básico do EDI pode ser visto na figura 31.

A clínica do dr. Alfredo, por meio do seu sistema de gestão (qualquer software que ela possa utilizar para controlar o seu processo de negócios), gera um arquivo em formato texto (sem formatação, contendo somente dados). Este arquivo é chamado de *flat file*, e contém dados sobre, por exemplo, um pedido de compra.

Em seguida, este *flat file* é convertido para um formato padronizado, chamado de mensagem, por meio de um software chamado tradutor. Este formato padronizado depende de um acordo entre as duas empresas e, em geral, segue normas estabelecidas em cada setor da economia. Exemplos de formatos utilizados são o CNAB (Centro Nacional de Automação Bancária), RND (Rede Nacional de Dados), Ansi X.12 (padrão genérico americano) e Edifact (Electronic Data Interchange for Administration, Commerce and Transport). Em seguida, a mensagem é enviada para a empresa B por meio de uma rede (fechada, ponto a ponto ou mesmo a internet), onde é convertida por meio de outro tradutor para um *flat file* que possa ser lido pelo seu sistema de gestão.

Figura 31

ELECTRONIC DATA INTERCHANGE (EDI)

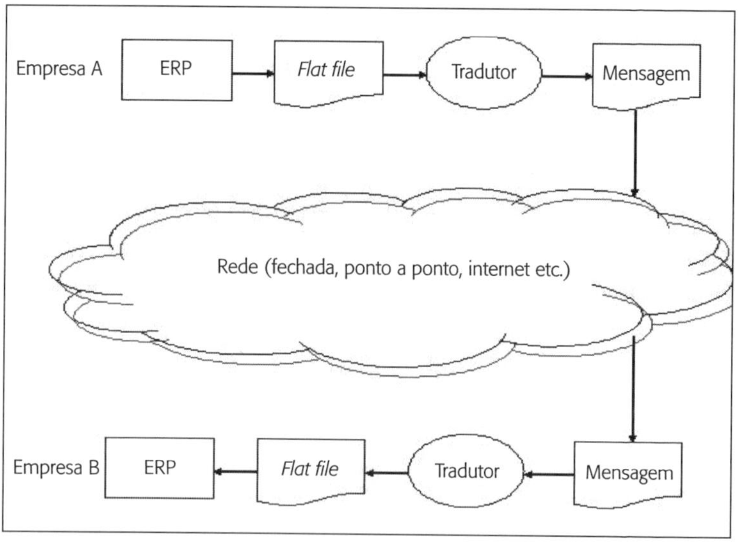

De modo geral não há uma solução única para desenvolver um sistema de EDI, assim como não há um ambiente de processamento de dados específico. A solução de EDI comporta uma grande variedade de opções em termos de equipamentos, sistema operacional, software básico, aplicativos, protocolos de comunicação e de interface com os usuários. Tal diversidade implica graus variados na relação custo/desempenho referente aos diferentes sistemas de EDI utilizados. Entretanto, a lógica da operação do serviço é basicamente a mesma.

Depois desta análise, dr. Alfredo resolveu interligar o ERP de sua clínica com os planos de saúde que atendia, utilizando a tecnologia EDI.

Um para muitos

Também são chamados de portais corporativos de venda ou catálogos online. Seu funcionamento, conforme pode ser visto na figura 32, é baseado na hospedagem dos produtos de um único fornecedor ou fabricante, que exibe o seu catálogo de produtos e respectivos preços, normalmente fixos.

Figura 32

O MODELO UM PARA MUITOS

Fonte: Adaptado de Dell <www.dell.com>.

O modelo *um para muitos* é um canal complementar (no caso de o fornecedor também utilizar canais offline) ou exclusivo (ele só utiliza a web) para as vendas. Os compradores acabam tendo que adquirir seus produtos em diversos sites como esses. Logo, ao analisar os processos de compra da clínica, dr. Alfredo resolve adquirir, eletronicamente, computadores e impressoras por meio do modelo *um para muitos*, ou seja, por meio do site de um dos seus fornecedores habituais.

Alguns para muitos

Dr. Alfredo descobriu que estes mercados B2B também são chamados de "atacadistas eletrônicos" ou *e-distribution*, porque agregam diversos catálogos de diversos fornecedores através de um único formato. Um caso bastante interessante de atacadista eletrônico, como pode ser visto na figura 33, é a Gimba, especializada na área de material de escritório. Normalmente a precificação é fixa, podendo ser previamente negociada.

Figura 33
O MODELO ALGUNS PARA MUITOS

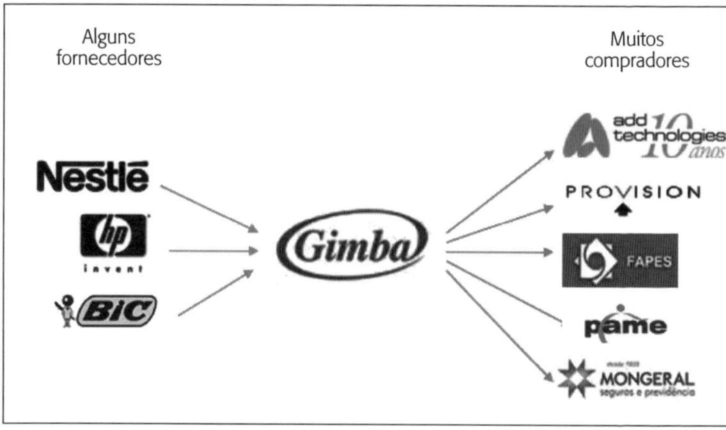

Fonte: Adaptado de Gimba <www.gimba.com.br>.

Para a aquisição de material de escritório, dr. Alfredo resolveu recorrer a este modelo.

Muitos para muitos

O modelo B2B *muitos para muitos*, visto na figura 34, também é chamado de *e-marketplace*. Estes portais criam uma ampla rede de compradores e vendedores, na qual se pode tanto comprar quanto vender. Diferentemente dos anteriores, os esquemas de preços são dinâmicos (baseados em leilões).

Figura 34

O MODELO MUITOS PARA MUITOS

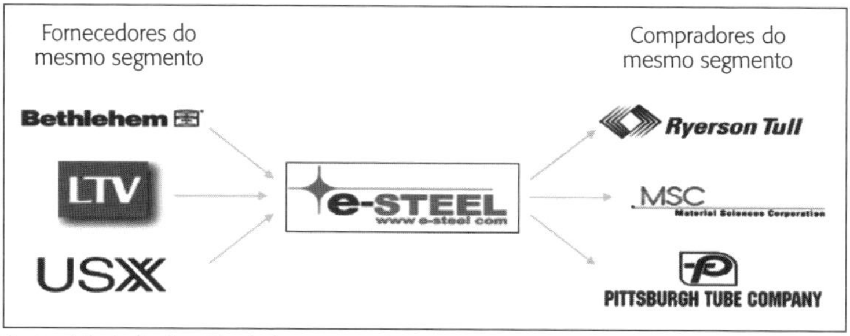

Fonte: Adaptado de e-Steel <www.e-steel.com>.

Pela ótica da venda, o *e-marketplace* funciona assim: o fornecedor lista seus produtos (normalmente em lotes) e recebe propostas crescentes dos compradores, que disputam entre si a oferta. Este mecanismo, chamado de leilão direto, é bastante similar ao utilizado nos leilões de arte, e faz com que os preços subam (desde que o preço inicial mínimo seja atraente para os compradores), já que não existe negociação entre os fornecedores e os compradores.

Se analisarmos o lado da compra, o comprador lista os produtos que pretende adquirir e recebe propostas decrescentes dos fornecedores, que disputam entre si o pedido de compra. Este mecanismo é chamado de "leilão reverso" ou "pregão eletrônico", e faz com que os preços caiam (desde que o preço inicial máximo seja atraente para o fornecedor).

Os *e-marketplaces* são divididos em verticais (especializados, com atuação em setores industriais específicos) e horizontais (genéricos, atendendo a diversos setores da indústria).

Dr. Alfredo resolveu, depois desta análise, utilizar, para suas compras esporádicas, alguns *e-marketplaces* na área de saúde, como o Mercado Eletrônico <www.me.com.br> e o Genexis <www.genexis.com>.

Muitos para alguns

Mercados B2B *muitos para alguns* (figura 35) são formados por grandes empresas, tais como Souza Cruz e AmBev (criando o Agrega) ou GM, Ford, Chrysler, Renault, Nissan e Peugeot (que criaram o Covisint), e seu objetivo é criar catálogos conjuntos de compras.

Figura 35

O MODELO MUITOS PARA ALGUNS

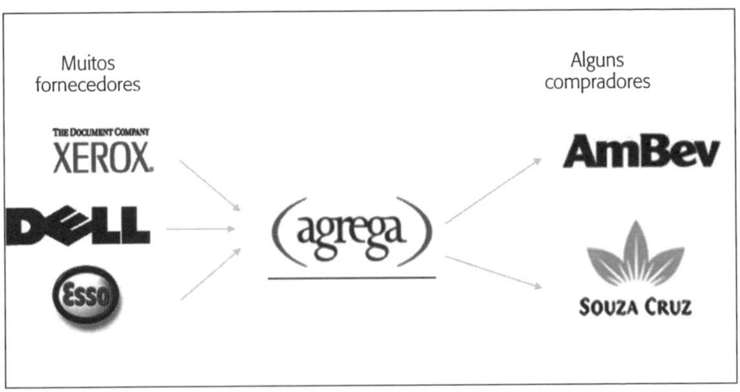

Fonte: Adaptado de Agrega <www.agrega.com>.

Comprando em conjunto, principalmente itens comoditizados, estas empresas acabam se beneficiando do ganho de escala proporcionado pela agregação dos seus pedidos. O dr. Alfredo, então, se associa a outras clínicas e, com elas, cria um portal para a compra conjunta de remédios e materiais cirúrgicos.

Business to employee: negócios eletrônicos para os funcionários (B2E)

Outra ideia que dr. Alfredo resolveu implementar foi a criação de uma intranet (site interno) para seus funcionários, incluindo uma série de serviços, como contracheque eletrônico, endomarketing e prestação de serviços. A figura 36 ilustra um portal de funcionários.

Figura 36
A intranet dos funcionários da Disney World

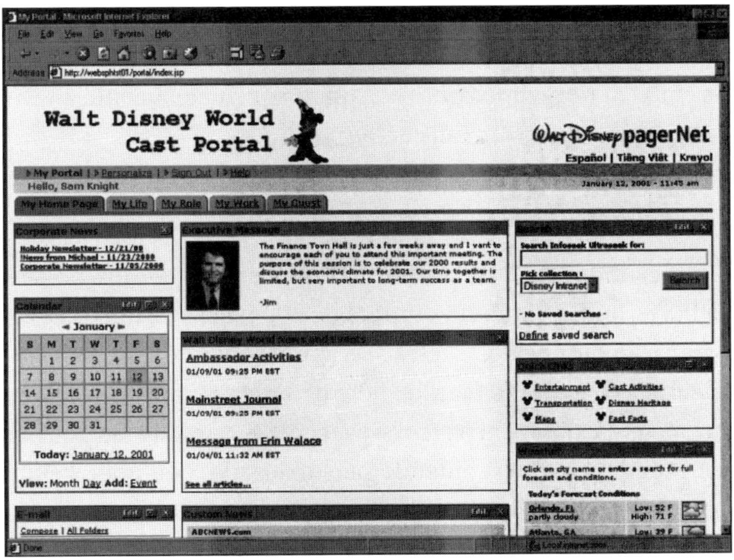

Fonte: Christopher K. Baliley <www.ckbailey.com/portfolio.asp>.

Mobile e-business

Em muitas empresas, o *e-business* é realizado através de PCs interligados a uma rede corporativa, ou por meio de *notebooks/laptops* conectados à rede via linhas telefônicas. Toda esta interligação física reduz a mobilidade das empresas.

Dr. Alfredo se convenceu de que ter mobilidade na realização dos negócios online utilizando soluções sem fio tornou-se o objetivo das grandes corporações, que identificaram algumas situações de negócios, como os relacionados a seguir, nos quais o *mobile e-business* pode ter papel fundamental:

- atuação em um mercado específico, como, por exemplo, atendendo a comunidades de médicos ou viajantes a negócios;
- manutenção de informação online e em qualquer lugar para os clientes, evitando surpresas desagradáveis a estes. Por exemplo, a disponibilização de resultado de exames;
- agendamento online de visitas dos pacientes, reduzindo o tempo de espera;
- emissão de pedidos online. Aplicável principalmente a vendedores que atuam em campo;
- monitoramento remoto de equipamentos/assistência técnica remota.

Segundo Zetie e Schwaber, em matéria publicada no site da Forrester Research em outubro de 2004, mais de um terço da população europeia já acessa serviços da internet por meio de telefones celulares, e mais de 90% de todos os sites comerciais europeus já possuem versões específicas para acesso móvel, oferecendo notícias, conteúdo personalizado, compra e venda de ações e de produtos, reserva de passagens aéreas etc.

O *mobile e-business* começa a ser utilizado em larga escala, já que diversas operadoras no mundo estão implementando soluções de pagamento através do uso de telefones celulares. O telefone funciona como um terminal de comércio eletrônico, e as compras são debitadas em cartões de crédito, conta bancária ou na própria conta de serviços.

As principais aplicações de *mobile e-business* são:

- prontuário eletrônico baseado em celulares;

- serviços baseados em localização;
- relatórios de tráfego em tempo real;
- recomendação de eventos e restaurantes;
- serviços para localização de pessoas;
- soluções empresariais;
- acesso a e-mail e bases de dados;
- informação atualizada através de tecnologia *push* (mensagens SMS e MMS);
- serviços financeiros;
- saldos e extratos bancários;
- pagamento de contas;
- transferência de fundos.

Dr. Alfredo resolve também implementar uma completa estrutura *wireless*, levando a sua clínica ao estado da arte em tecnologia da informação, e, desta forma, preparando-a para os desafios que o mundo dos negócios demanda nos dias de hoje.

Conclusão

Ao finalizar o estudo do conteúdo deste livro, espera-se que você, leitor, tenha tido uma visão sobre os sistemas integrados de informação na área de saúde.

Nos seus sete capítulos, procuramos, por meio de uma linguagem prática e simples, exemplificar os principais conceitos contidos na área de tecnologia da informação e suas interligações.

Além do domínio conceitual, a prática e a experiência, aliadas a características técnicas e pessoais, certamente se tornarão elementos imprescindíveis para o exercício da profissão de gestor.

Com a sobrecarga diária de informações a que estamos sujeitos, cabe ao profissional da área de saúde filtrar e transformar este desafio em grandes oportunidades.

Esperamos que este texto tenha proporcionado o conhecimento necessário para o estudo nesta importante área de conhecimento e sinalizado para um novo cenário de aplicações disponível para os profissionais do futuro.

Com isso, esperamos que obtenha os melhores resultados possíveis para você e sua organização.

Boa sorte!

Referências

ADA KING, countess of Lovelace. In: *Encyclopædia Britannica*. Disponível em: Encyclopædia Britannica Online: <www.britannica.com/EBchecked/topic/349551/Ada-King-countess-of-Lovelace>. Acesso em: 29 maio 2009.

BALILEY, C. *Online portfolio*. Disponível em: <www.ckbailey.com/portfolio.asp>. Acesso em: 29 maio 2009.

BECK, K. Embracing change with extreme programming. *Computer*, v. 32, n. 10, p. 70-77, Oct. 1999. (doi:10.1109/2.796139).

BOEHM, B. W.; PAPACCIO, P. N. Understanding and controlling software costs. *IEEE Transactions on Software Engineering*, v. 14, n. 10, p. 1462-1477, Oct. 1988. (doi:10.1109/32.6191).

BRASIL. Secretaria da Receita Federal. *Instrução Normativa SRF nº 29, de 27 de março de 1997*. Disponível em: <www.receita.fazenda.gov.br/Legislacao/ins/Ant2001/1997/insrf02997.htm>. Acesso em: 29 maio 2009.

BROOKS, F. P. *The mythical man month*. Upper Saddle River, NJ: Addison-Wesley, 1995.

CHARLES BABBAGE. In: *Encyclopædia Britannica*. Disponível em: Encyclopædia Britannica Online: <www.britannica.com/EBchecked/topic/47371/Charles-Babbage>. Acesso em: 29 maio 2009.

COCKBURN, A. *Writing effective use cases*. Upper Saddle River, NJ: Addison-Wesley, 2001.

COLOSSUS. In: *Encyclopædia Britannica*. Disponível em: Encyclopædia Britannica Online: <www.britannica.com/EBchecked/topic/691334/Colossus>. Acesso em: 29 maio 2009.

CONSELHO INTERNACIONAL DE ENFERMAGEM. *Navegador da versão 1.1 do ICN*. Disponível em: <www.icn.ch>. Acesso em: nov. 2009.

DAVENPORT, T. H. *Mission critical*: realizing the promise of enterprise systems. Boston: Harvard Business Press, 2000.

________; SHORT, J. E. The new industrial engineering: information technology and business process redesign. *Sloan Management Review*, p. 11-27, Summer 1990.

DELOITTE CONSULTING. ERP's *second wave*. New York, 1998.

DRUCKER, Peter F. *Inovação e espírito empreendedor*. São Paulo: Thomson Learning, 2003.

E-BIT. *Relatório web shoppers*. 20. ed. 2009. Disponível em: <www.webshoppers.com br>. Acesso em: jan. 2010.

ERP. In: *Techencyclopedia*. Disponível em: <www.techweb.com/encyclopedia/defineterm.jhtml;jsessionid=LJX4U4T1G533SQSNDLPSKHSCJUNN2JVN?term=ERP&x=11&y=10>. Acesso em: 29 maio 2009.

FLYNN, R. R. *An introduction to information science*. Boca Raton: CRC Press, 1987.

GARTNER GROUP. *ERP and FMIS study*. Nov. 1998.

GIBBS, W. W. Software's chronic crisis. *Scientific American*. Sept. 1994.

INFORMATION SYSTEMS AUDIT AND CONTROL ASSOCIATION (Isaca). *Cobit 4.1*. Disponível em: <www.isaca.org/cobit>. Acesso em: 29 maio 2009.

INSTITUTO BRASILEIRO DE GEOGRAFIA E ESTATÍSTICA (IBGE). Pesquisa Nacional por Amostra de Domicílios (Pnad 2005). *Acesso à internet e posse de telefone móvel celular para uso pessoal*. Disponível em: <www.ibge.gov.br/home/estatistica/populacao/acessoainternet/internet.pdf>. Acesso em: 29 maio 2009.

LARMAN, C. *Utilizando UML e padrões*. 3. ed. Porto Alegre: Bookman, 2007.

LAUDON, J. P.; LAUDON, K. C. *Sistemas de informação gerenciais*. São Paulo: Prentice Hall Brasil, 2007.

LUCAS, H. *Information technology*: strategic decision making for managers. New Delhi: Wiley-India, 2008.

MARTIN, E. W.; DEHAYES, D. W. *Managing information technology*: what managers need to know. New York: Maxwell Macmillan International, 1991.

MOZILLA FOUNDATION. *SSL 0.2 Protocol Specification*. Disponível em: <www.mozilla.org/projects/security/pki/nss/ssl/draft02.html>. Acesso em: 29 maio 2009.

OFFICE OF GOVERNMENT COMMERCE. *The IT infrastructure library (Itil)*. Disponível em: <www.ogc.gov.uk/guidance_itil_4438.asp>. Acesso em: 29 maio 2009.

PASCALINE. In: *Encyclopædia Britannica*. Disponível em: Encyclopædia Britannica Online: <www.britannica.com/EBchecked/topic/725527/Pascaline>. Acesso em: 29 maio 2009.

SHORE, B. *Introduction to computer information systems*. Toronto: Harcourt Canada, 1988.

SIR TIM BERNERS-LEE. In: *Encyclopædia Britannica*. Disponível em: Encyclopædia Britannica Online: <www.britannica.com/EBchecked/topic/62493/Sir-Tim-Berners-Lee>. Acesso em: 29 maio 2009.

TURBAN, E. et al. *Information technology for management*: transforming organizations in the digital economy. Hoboken: John Wiley & Sons, 2007.

UNITED NATIONS ECONOMIC COMMISSION FOR EUROPE (Unece). *United Nations directories for electronic data interchange for administration, commerce and transport*. Disponível em:<www.unece.org/trade/untdid/welcome.htm>. Acesso em: 29 maio 2009.

UNITED STATES DEPARTMENT OF LABOR. Occupational Safety and Health Administration. *The Sarbanes-Oxley Act*. Disponível em: <www.osha.gov/dep/oia/whistleblower/acts/ccfa.html>. Acesso em: 29 maio 2009.

U.S. CENSUS BUREAU. E-Stats Report 2007. *E-commerce multi-sector report*. Disponível em: <www.census.gov/eos/www/2007/2007reportfinal.pdf>. Acesso em: 29 maio 2009.

ZETIE Carl; SCHWABER, Carey. Trends 2005: Enterprise mobility. *Forrester Research*. Disponível em: <www.forrester.com/Research/Document/Excerpt/0,7211,35606,00.htm>. Acesso em: 29 maio 2009.

Os autores

André Bittencourt do Valle

Doutor em engenharia pela UFF, mestre em engenharia pela PUC-Rio e engenheiro pela UFRJ. Professor e coordenador acadêmico no FGV Management. Foi secretário técnico da ISO e da ABNT. Em 2010, 2009, 2008 e 2007 foi agraciado com o Prêmio FGV Management; em 2001 foi o ganhador do Prêmio Visa de Comércio Eletrônico e, em 2000, recebeu o Prêmio Ibest. Entre 2003 e 2005 foi o coordenador-geral da Escola Superior de Redes da RNP. Foi editor-técnico da revista *Internet World*. É autor de diversos livros, como *Fundamentos do gerenciamento de projetos*, *Gerenciamento de projetos* (ambos das Publicações FGV Management), *MP3: a revolução do som via internet*, *Guia de comércio eletrônico* e *Java: manual de introdução*. É membro do Comitê Executivo de Comércio Eletrônico do Governo Federal.

André Soares Monat

Doutor em engenharia de sistemas e computação pela University of East Anglia (Reino Unido), mestre em engenharia de sistemas e computação pela Coppe/UFRJ e engenheiro pelo Instituto Tecnológico de Aeronáutica (ITA). Possui o Certificate in Higher Education em *business information technology* da University of Sunderland (Reino Unido). Sua experiência profissional inclui o cargo de analista de sistemas do DAC/Infraero. Foi secretário regional do Rio de Janeiro e Espírito Santo da Sociedade Brasileira de Computação e um dos coordenadores de projeto Protem-CC do CNPq na área de cardiologia e informática. Foi docente em cursos de graduação, mestrado e doutorado em engenharia, informática, *design* e educação, além de atuar como consultor em diversas empresas estatais, órgãos estaduais e prefeituras municipais. Autor de artigos e organizador de livros, multimídia e sites. É professor convidado no FGV Management.

Alexandre Furtado do Amaral

Mestre em administração de empresas pelo Ibmec-RJ, especialista em sistemas de informação pelo Ibmec-RJ e assessor econômico da Associação Brasileira das Companhias Abertas (Abrasca). A experiência profissional inclui cinco anos como gerente de projetos de diversos sistemas de informações, docência em cursos de administração, consultoria em projetos de sistemas de informações. É coordenador da Comissão de Auditoria e Normas Contábeis e da Comissão de Mercado de Capitais, ambas da Abrasca. Professor convidado nos cursos de MBA em Gerência de Saúde, da FGV.

Eduardo Pereira Marques

Doutor e mestre em engenharia de sistemas e computação pela Coppe/UFRJ. Médico especialista em informática médica. Dirigiu a Sociedade Brasileira de Informática em Saúde. Foi professor e coordenador adjunto do Curso de Informática em Saúde da PUC-Rio. É membro honorário da International Medical Informatics Association, pesquisador em informática médica na Harvard Medical School e no Massachusetts Institute of Technology. É professor convidado do FGV Management, membro do corpo editorial do *Journal of Health Informatics* e do *International Journal of Medical Informatics*. Coordena a Comissão Técnica de Informática Médica do Conselho Regional de Medicina do Estado do Rio de Janeiro e dirige o HL7 Brasil.

Impresso nas oficinas da
SERMOGRAF - ARTES GRÁFICAS E EDITORA LTDA.
Rua São Sebastião, 199 - Petrópolis - RJ
Tel.: (24)2237-3769